KB075819

세계의 종말을 늦추기 위한
아마존의 목소리

Ideias para adiar o fim do mundo
by Ailton Krenak
© 2019 Ailton Krenak
Published in Brazil by Companhia das Letras, São Paulo
International Rights Management: Susanna Lea Associates
Korean translation copyright © Maybooks, 2024
This Korean Edition was published by arrangement with Susanna
Lea Associates through Milkwood Agency

IDEIAS
PARA ADIAR
-O FIM DO-
MUNDO

AILTON KRENAK

세계의 종말을 늦추기 위한
아마존의 목소리

아이우통 크레나키 외 지음

오월의봄

인간은 왜 기후위기를 극복하는 뻔한 답을 알면서도 실행하지 못할까? 브라질의 원주민 지도자 아이우통 크레나키의 연설을 중심으로 묶은 이 책은 이에 대한 문학적이고도 철학적인 답변을 담아낸다. 인류는 지구를 관리할 수 있다고 믿기 때문에 오히려 위기에서 빠져나오지 못하는 역설의 감옥에 갇혀 있다. 라투르가 지적했듯 자연과 정치는 한 몸이다. 지구와 절연하고 자연을 객체화한 근대적 사고 습관과 정치·경제 체제에서 탈출하지 않는다면 종말의 속도는 더욱 빨라질 것이며, 인간은 기후위기에서 벗어날 수 없을 것이다. 책에 실린 크레나키의 연설, 그리고 국내외 학자들의 글은 이런 논의를 한층 더 깊고 풍성하게 한다. 근대인이 잃어버린 감각, 즉 '우리'를 이루는 것은 인간 존재뿐 아니라 산과 강, 바위와 같은 비인간 존재이기도 하다는 감각을 이 책은 생생히 일깨워준다.

—남종영, 환경저널리스트·《동물권력》저자

지구온난화, 기후변화, 기후위기, 기후재앙, 기후붕괴…… 이 행성의 생명체들이 겪고 있는 위기를 표현할 때 쓰이는 이런 말들은 갈수록 섬뜩한 의미를 담아내며 진화하고 있다. 진화의 끝은 명백히 '인류 문명의 종말'을 가리키지만, 변화는 더디며 심지어 그 방향조차 역행한다. 한쪽에서는 개발과 재해로 삶의 터전을 잃고 유랑하는 사람들이 존재하는데, 다른 한쪽에서는 기후위기를 막자며 해저를 파헤쳐 전기차 원료를 공급하자고 논의하는 식이다. 인류가 '자원', '개발', '상품'이라는 개념 없이 세계를 해석할 수도, 미래를 상상할 수도 없게 됐기 때문이다. 인류는 다른 방식의 삶에 대한 상상력을 잃어버렸다.

이 책은 상실에 역행하고자 하는 서사시이자, 철학과 인류학이 종말을 늦추기 위해 무엇을 해야 하는지 선언하는 팸플릿이다. 저자들은 자본주의 문명의 종말을 향한 질주가 자본주의로 인해 다른 세계들을 잃어버린 결과라고 고변한다. 변화의 영점을 찾아, 탄소배출량이 급증하기 시작한 '산업화 150년'을 넘어 유럽의 식민주의와 함께 시작된 '자본주의 500년', 인간과 자연을 분리한 '축의 시대 2500년'까지 겨눈다. 이 담대한 지적 여정을 작고 소박한 분량의 책에 담아낸 것이 놀랍다. 한동안 문명에 미달한 존재로 여겨져 인류학의 연구 대상이었던 원주민의 시선으로 세상의 보편을 자임해온 백인의 자본주의 문명을 진단하는 '역-인류학'이 바탕이 된 지적 작업이다. 책을 펼친다면 종말을 먼저 겪었지만 예속은 거부하는 아마존 원주민의 경험과 시선에서 출발한 나직하면서도 서늘한 급진을 읽게 될 것이다.

―박은하,《경향신문》기자

일러두기

- 이 책의 1부는 아이우통 크레나키의 *Ideias para adiar o fim do mundo* (Companhia das Letras, 2019)를 한국어로 옮긴 것이다. 한국어판을 작업하는 과정에서 위 포르투갈어판 원서와 함께 영어판, 스페인어판, 프랑스어판을 참조했다. 특히 프랑스어판 제작 과정에서 저자 본인이 텍스트 전반을 수정했는데, 그 수정 사항을 한국어판에도 최대한 반영했다.

- 에두아르두 비베이루스 지 카스트루가 웹상에 공개한 글 "Posfácio a Ideias para adiar o fim do mundo, de Ailton Krenak"(아이우통 크레나키의 《세계의 종말을 늦추기 위한 생각들》에 대한 후기)를 저자의 동의를 받아 한국어로 옮겨 수록했다. 이 후기는 크레나키의 책 프랑스어판에도 번역되어 실렸다.

- 장-크리스토프 고다르의 글 〈세계의 종말, 그것은 백인들이다〉는 *lundimatin* 250(29 juillet 2020)에 "Les idées d'Ailton Krenak pour retarder la fin du monde"라는 제목으로 발표된 것이다. 저자의 동의를 받아 한국어로 옮겨 수록했다.

- 지금까지 언급한 세 편의 글을 제외한 나머지 네 편은 이 책을 위해 새로 작성된 것이다.

- 장-크리스토프 고다르의 〈'이미지 껍질' 개념의 비판적 역량〉, 오야라 보니야의 〈"우리의 언어는 아름답고, 분명히 살아 있다": 파우마리어 경연대회 (1)〉는 프랑스어로 작성된 텍스트를 한국어로 옮긴 것이다.

- 옮긴이가 보충 설명을 위해 작성한 주에는 문장 말미에 '― 옮긴이' 표시를 하여 구분했으며, 그 외의 주들은 글쓴이가 붙인 것이다.

- ( )는 저자의 것이며 [ ]는 옮긴이가 본문 내용의 이해를 돕기 위해 보충 설명한 부분이다.

- 개념의 원어는 독자의 이해를 돕기 위해 최대한 영어로 표기했다.

- 포르투갈어 표기는 국립국어원 규정을 참조하되, 포르투갈과 브라질 원어의 발음을 따라 조정한 경우도 있다.

생태학적 위기에 맞선
가장 급진적인 비판의 목소리

세계의 종말은 이제 익숙하나 못해 식상한 주제가 되었다. 우리가 생태학적 위기 앞에서 목격하고 있는 것은 종말이 다가올수록 위기감보다 익숙함이 가중되는 역설적 상황이다. 이 책을 기획한 이유는 인류가 직면한 위기를 다르게 생각하는 방법을 제안하기 위해서다. '다르게 생각하기'란 구체적으로 역-인류학적 사유 방식을 의미한다. 그것은 야생인의 관점에서 문명인을 탐구하는 인류학, 즉 서구 인류학이 탐구 대상으로 삼았던 존재들의 관점에서 인류학 자체를 재구축하고, 이를 통해 기존의 서구 인류학을 거꾸로 바라

보는 작업이다. 이 책은 이러한 작업에 필요한 이론적 원천을 브라질 원주민의 사유에서 발견한다. 한국어판 책 제목에 사용된 '아마존의 목소리'는 아마존이라는 특정 지역뿐 아니라, 브라질과 전 세계 곳곳에서 살아가고 있는 수많은 원주민 집단을 지칭하는 상징적 표현이다.

서구인이 원주민에 대한 인류학적 지식을 축적하는 동안 원주민 역시 그들의 방식으로 서구인에 대한 인류학을 구축해왔다. 물론 이 두 가지 인류학은 같지 않다. 서구인과 원주민이 살아가는 우주, 실재, 세계는 서로 다르고, 인류학이라는 말은 각자의 세계에서 전혀 다른 것을 지시하기 때문이다. 따라서 '역逆'이라는 접두사는 단순히 같은 세계 내에서 관점을 이동하거나 입장을 바꾸는 것이 아니라, **다른 세계가 되는 것**을 의미한다. 역-인류학적 관점에서 생태학적 위기를 바라본다는 것은 인간과 비인간, 문화와 자연이 구별된 세계에서 벗어나 자연이라는 개념 자체가 존재하지 않는 세계, 모든 존재자가 인격으로서 서로 관계 맺는 세계로 뛰어들어 문명인이 파괴한 대지를 마주하는 일이다.[1]

우리를 역-인류학적 관점으로 인도해줄 이는 브라질 현대사에 중요한 흔적을 남긴 원주민 리더 아이우통 크레나키다. 이 책 1부에는 그가 자신의 강연문 세 편을 모아 2019년 책으로 출간한 《세계의 종말을 늦추기 위한 생각들》이 실려 있다. 출간된 지 얼마 지나지 않아 책은 영어, 프랑스어, 스페인어, 독일어로 번역되어 전 세계적 반향을 불러일으켰다. 그의 생각들은 단지 '기후위기 시대에 한번쯤 귀 기울여볼 만한 원주민의 지혜와 격언' 따위가 아니라, 우리가 생각하는 자연과 인류를 향한 가장 급진적인 비판의 목소리다. 원주민의 세계는 이미 오래전에 종말을 맞이했고, 종말의 과정은 여전히 진행 중이다. 흔히 '포스트 아포칼립스'를 픽션의 한 종류로 생각하지만, 지구 위에는 세계의 종말 이후를 살아가는 수많은 원주민 집단

1　역-인류학(영어 'reverse anthropology', 프랑스어 'contre-anthropologie')에 관해서는 다음의 책을 참고하라. 에두아르두 비베이루스 지 까스뜨루, 《식인의 형이상학: 탈구조적 인류학의 흐름들》, 박이대승·박수경 옮김, 후마니타스, 2018. '인류학'이라는 하나의 말이 두 가지 세계에서 서로 다른 것을 지시할 때, 이를 '애매성'(영어 'equivocation', 프랑스어 'équivocité')의 관계라고 부른다. 애매성에 관해서는 《식인의 형이상학》에 실린 〈옮긴이 해제〉를 참고하라.

이 실제로 존재한다. 크레나키가 제안하는 것은 세계의 종말을 피하는 방법이 아니라, 이미 시작된 종말을 늦추기 위한 생각들이다.

2부에는 크레나키의 생각들에 대한 학자들의 응답을 담았다. 한국에도 잘 알려진 브라질 인류학자 에두아르두 비베이루스 지 카스트루는 크레나키의 목소리를 통해 자연과 인류에 관한 근본적 질문을 제기하고, 이를 다시 초월성transcendence과 내재성immanence의 문제로 표현한다. 프랑스 철학자 장-크리스토프 고다르는 '백인들'이 곧 세계의 종말이라고 선언하며 크레나키의 생각들에 담긴 비판적 역량을 극대화한다. 박이대승의 글은 생태학적 위기를 고민하는 한국 독자들에게 보내는 메시지다. 크레나키의 생각들이 기후 협상이라는 국제정치적 문제에 접근하기 위한 출발점이 되어야 하는 이유, 그리고 우리가 온실가스 감축에 관한 기존의 기술적 논의에서 벗어나 정치적·윤리학적·형이상학적·인류학적·우주론적 차원으로 이행해야 할 필요성을 설명한다.

3부는 원주민의 역-인류학적 관점을 이해하는 데 도움을 주는 글들로 구성되어 있다. 박수경은 아메리카 원주민의 존재론적 지위를 둘러싼 오랜 논쟁을 재검토하고, 오늘날의 법적·정치적 쟁점과 연결한다. 고다르는 '인쇄된 책'이라는 형태로 물질화되어 있는 서구 지식을 비판하기 위해, 야노마미의 샤먼 다비 코페나와의 '이미지 껍질' 개념을 빌려온다. 앞서 말한 역-인류학적 작업의 가장 명확한 사례가 바로 고다르의 텍스트다. 브라질에서 활동하는 인류학자 오야라 보니야는 아마존의 파우마리인들이 자신의 언어를 지키는 방법을 소개하며, 그들이 '백인'과의 첫 번째 접촉 이후 어떤 세계를 살아왔는지 보여준다.

이 책은 2020년에 시작된 한국연구재단 지원 사업의 결과물이기도 하다. 박이대승이 연구책임을 맡고, 한국, 프랑스, 브라질에서 활동하는 박수경, 장-크리스토프 고다르, 기욤 시베르탱-블랑Guillaume Sibertin-Blanc, 오야라 보니야가 함께 공동연구를 수행해왔다. 철학과 인류학을 비롯한 여러 분야의 연구자가 참여하는 정기 국제 세미나 '탈식민적 인류학'이 주요 활동이다. 활동의 결과물은 출판물과 인터넷 사이트를 통해 공개된다.[2] 크레나키의 다른 책《삶은 무용하다 A vida não é útil》와 여러 학자의 텍스트를 엮은 두 번째 책

역시 조만간 오월의봄 출판사에서 출간될 예정이다.

이 책을 함께 준비한 동료 학자들, 텍스트 번역을 흔쾌히 허락해준 비베이루스 지 카스트루, 최선을 다해 완성도 높은 책을 제작한 오월의봄에 진심으로 감사의 마음을 전한다.

2024년 1월 프랑스 툴루즈에서

박이대승

---

2 세미나에 관한 정보는 '탈식민적 인류학' 공식 홈페이지 (anthropodeco.hypotheses.org)를 참고하라.

차 례

크레나키의 1987년 브라질 의회 연설 영상은
이 유튜브 영상에서 볼 수 있다.

1980년대부터 원주민운동에 뛰어든
아이우통 크레나키는 1987년 브라질 의회 연단에서
원주민 관습에 따라 얼굴을 검은색으로 칠한 채 연설을 했다.
브라질 현대사의 가장 중요한 장면 중 하나로 기록된
이 연설은 1988년 브라질 헌법에 '원주민에 관한 절'을
도입하는 중대한 변화를 불러일으켰다.

1

세계의 종말을
늦추기 위한 생각들

아이우통 크레나키

1. 세계의 종말을 늦추기 위한 생각들

처음으로 리스본 공항에 내렸을 때, 나는 낯선 기분에
사로잡혔다. 마음도 가지 않고 역사적 이유도 있어서
50년 넘도록 대서양을 건너지 않고 있던 참이었다. 포
르투갈인들과 논의할 만한 것이 있을까 싶었다. 무슨
대단한 이유에서가 아니라 단지 그냥 피하고 싶었다.
2000년 봄, 페드루 알바리스 카브라우^{Pedro Álvares Cabral}¹
와 동료들의 선단이 대서양을 횡단한 지 500년이 되

---

1   1468~1520. 포르투갈의 귀족, 군사 지휘관, 탐험가. 브라질 지역에
최초로 도착한 유럽인이다. 1500년 3월에 리스본을 떠나 4월에 브라질
북동부(현대 영토 기준)에 도착했다.—옮긴이

었을 때, 포르투갈인들은 이를 기념하고 싶어 했다. 그들은 나를 포르투갈로 초대했지만, 나는 거절했다. 그때 나는 이런 혼잣말을 했다. '포르투갈의 전형적인 기념식이네. 그들은 세계의 한구석, 그러니까 내가 있는 이곳에 침입했던 것을 축하하면서 그걸 위해 나를 초대하고 싶어 하는군.' 나는 이런 종류의 행사에 참여할 생각이 없었다. 그렇다고 내 생각을 이야기하지도 않았다. 나는 그저 이렇게 생각했다. '앞으로 어떻게 될지 봅시다.'

2017년, 리스본이 이베로아메리카 문화의 중심지로 지정되면서 공연, 영화제, 콘퍼런스 등 매우 흥미로운 행사들이 연달아 개최되었다. 나는 그 행사에 다시 한번 초대받았고, 이번에는 우리의 친구인 브라질 인류학자 에두아르두 비베이루스 지 카스트루가 마리아 마투스 극장에서 '조국의 비자발적인 자들Os involuntários da pátria'이라는 제목의 콘퍼런스를 열 예정이었다.[2] 나는 '주제가 흥미로워 보이는군. 이번에는 초대를 수락해야겠어'라고 생각했다. 에두아르두의 콘퍼런스가 있던 다음 날, 나는 마르쿠 알트베르그Marco Altberg의 다큐멘터리 〈아이우통 크레나키와 바위의 꿈Ailton Krenak e o sonho da pedra〉을 보러 온 다수의 관객을 만날 기회가 있었다. 그 다큐멘터리는 내가 여기에서 다루려고 하는 주제에 관한 훌륭한 서론이다. 지난 2000~3000년에 걸쳐 우리는 인류humanity라는 관념을 어떻게 구축하게 되었는가? 우리가 하고 있는 나쁜 선택들, 역사에 등장한 그토록 많은 폭력의 사용을 정당화했던 나쁜 선택의 기원에 그 인류라는 관념이 있지 않은가?

유럽의 백인 남성이 세계를 식민화한 과정 전반이 다음의 원칙을 따르고 있었다. 즉 개명한 인류는 야생

2 에두아르두 비베이루스 지 카스트루는 2016년 4월 20일 리우데자네이루에서 같은 제목의 공개 강연을 한 적이 있다. 발표문은 2017년에 출간되었다. 발표 제목은 '조국의 자원군Voluntários da pátria'을 비틀어 사용한 것이다. 조국의 자원군은 1865년 브라질 제국이 파라과이전쟁(1864~1870)을 치르기 위해 창설한 군부대로, 자원군이라는 이름이 무색하게 노예 출신의 아프리카계 브라질인을 강제징집한 '비자발적 자원군Voluntários involuntários'으로 구성되었다. 비베이루스 지 카스트루는 브라질 인디오가 첫 번째 비자발적 자원군이었다고 설명한다. 포르투갈어 발표문은 다음을 참조하라. Eduardo Viveiros de Castro, "Os Involuntários da Pátria: Reprodução de Aula pública realizada durante o ato Abril Indígena, Cinelândia, Rio de Janeiro 20/04/2016", ARACÊ – Direitos Humanos em Revista 4(5), 2017(프랑스어판: Eduardo Viveiros de Castro, "Les involontaires de la patrie", Multitudes 69, 2017, pp. 123-128). —옮긴이

의 어둠에 남겨진 인류를 만나러 가야 하고, 그들에게 자신의 빛을 비춰주어야 한다는 원칙 말이다. 유럽 문명의 중심에 있는 이러한 열망을 정당화해준 것은 언제나 다음과 같은 생각이었다. 대지(지구)[3] 위에 존재할 수 있는 방식은 오로지 하나뿐이며, 진리에 관한 이해 방식과 진리 역시 하나뿐이라는 생각 말이다. 이런 생각에 따라 역사의 여러 시점에서 많은 선택이 이루어졌다.

21세기가 시작되는 오늘날, 서로 다른 시각과 문화를 가진 사상가들이 교류하고 있다. 그런 교류 중 몇 가지 덕분에 방금 말한 세계 이해를 다시 문제 삼는 것이 가능해진다. 우리는 정말로 하나의 인류인가?

세계은행World Bank, 아메리카국가기구OAS, 국제연합UN, 유네스코UNESCO를 비롯해 20세기에 등장한 국제기구들, 그리고 대학 같은 우리 시대의 가장 공고한

---

3   여기서 '대지(지구)'라고 옮긴 포르투갈어는 'terra'다. 이 단어는 프랑스어 'terre' 혹은 영어 'earth'와 마찬가지로 '지구', '땅', '대지', '흙' 모두를 뜻한다. '지구에서 살아간다는 것'과 '대지/땅 위에서 살아간다는 것'의 의미가 분리되지 않는 것은 이 책 전체에서 중요한 함의를 갖는다. 이런 맥락을 살리고자 대문자 'Terra'는 '지구(대지)' 또는 '대지(지구)'로, 소문자 'terra'는 '땅'으로 옮겼다. ─옮긴이

기관들을 잠시 생각해보자. 이 기관들은 무엇을 전제하고 있는가? 브라질 동남부의 이스피냐수Espinhaço 산맥 일부를 생태 보존 지역으로 지정하려 했을 때, 우리는 광산 채굴이 이 지역을, 이 행성의 한구석을 먹어 치우지 않도록 하는 게 왜 중요한지 유네스코에 그 정당성을 설명해야만 했다. 그러나 유네스코는 대지(지구)의 무료 견본으로 삼을 만한 몇 군데를 보존하면 충분한 것처럼, 인류가 앞으로도 지구를 마음대로 사용할 수 있을 것처럼 굴었다. 만일 우리가 미래 세계에도 살아남는다면, 곧 우리는 아직 완전히 소비되지 않은 이 행성의 남은 몇 조각을 두고 싸우게 될 것이다. 그때 우리 손자와 손녀들, 우리 증손의 아이들, 그리고 다시 그들의 손자와 손녀들은 과거의 대지가 어땠는지 보기 위해 그 공원들을 거닐 수는 있을 것이다. 사람들은 아마도 이걸 기대하는 것 같다. 앞서 말한 기관들은 이런 인류의 이미지에 따라 만들어진 구조물로서 설립되고 유지된다. 우리는 그들의 존속을 정당화하고, 그들의 결정을 받아들이지만, 많은 경우 그 결정에는 문제가 있고, 우리는 무언가를 잃는다. 그 결정들은 우리가 우리 자신이라고 생각하는 그 인

류를 위해 복무하기 때문이다.[4]

나는 세계의 다양한 장소와 문화권을 여행하면서, 인류라는 이 클럽에 가입하면 주어지는 보장 내용을 살펴보게 되었다. 그리고 결국 이런 생각을 했다. '그 클럽은 대부분의 경우 우리가 가진 발명, 창조, 존재, 자유의 역량을 제한하기만 하는데, 우리는 왜 그렇게 오랫동안, 그토록 끈질기게 그 클럽에 참여하려고 했던 걸까?' 우리는 또다시 자발적 속박을 향한 우리의 오랜 경향에 따라 행동하려고 하는 게 아닌가? 네이션-국가의 위기를 되돌리는 것은 불가능하고, 저 국제기구들의 낡은 발상이 처음부터 실패했다는 것을 과연 우리는 언제 이해하게 될까? 우리는 그것을 깨닫는 대신 하나의 인류로서 우리의 결속을 유지할 것이라는 희망 속에서, 그 국제기구들과 비슷한 새로운 기구들을 고안할 수단을 계속 찾고 있다.

학자들의 계산에 따르면 인류를 구성하는 사람 절

---

[4]   지금의 우리가 우리 자신을 '인류'라고 부를 때, 이 말은 인간과 비인간, 인간과 대지, 사회와 자연 등에 대한 특정한 이미지를 전제한다. 저자는 그러한 인류의 이미지를 "우리가 우리 자신이라고 생각하는 인류"(영어로는 'the humanity we think we are')라고 표현한다. —옮긴이

반가량이 자신의 필요 충족을 위한 최소 조건을 전혀 갖추지 못한 상태인데, 우리가 하나의 인류라면 과연 어떻게 이 사실을 정당화할 수 있을까? 근대화는 그들을 노동력으로 만들기 위해 농촌과 숲에서 쫓아냈고, 오늘날 그들은 대도시 변두리의 파벨라^{favela}[5]로 모여들고 있다. 그들은 소속 집단과 고향에서 뿌리째 뽑혀 '인류'라는 이름의 분쇄기 안으로 내던져졌다. 그들은 선조의 기억, 정체성을 구성하는 기초적 지표들과 어떤 깊은 연관을 유지하고 있는가? 이런 연관을 보존하지 않는다면, 그들은 우리가 공유하고 있는 이 미친 세계에서 미치광이가 되어버릴 것이다.

〈세계의 종말을 늦추기 위한 생각들〉이라는 제목은 일종의 도발이었다. 내가 집에서 텃밭을 돌보고 있었을 때, 누군가 나에게 전화기를 가져다주며 이렇게 말했다. "지속가능한 발전에 관한 토론회에 당신을 초청하기 위해 브라질리아대학에서 전화했습니다"(이 대학에는 석사과정을 운영하는 '지속가능발전'센터가 있다). 나는 반갑게 초청에 응했고, 그들은 이렇게 말했다. "콘

---

5   브라질의 슬럼 지역.—옮긴이

퍼런스 제목을 정해주셔야 합니다." 나는 텃밭 일에 완전히 몰두하고 있던 참이라 이렇게 답했다. "〈세계의 종말을 늦추기 위한 생각들〉로 하겠습니다." 그들은 이 제목을 진지하게 받아들였고, 프로그램에 그대로 실었다. 3개월쯤 지나 다시 전화가 왔다. "콘퍼런스가 내일인데, 브라질리아행 비행기표는 있으시죠?" "내일이요?" "그렇습니다. 내일 세계의 종말을 늦추기 위한 당신의 생각을 주제로 강연을 하실 예정이잖아요."

콘퍼런스 당일에는 비가 왔고, 나는 이렇게 생각했다. '잘됐군. 아무도 안 오겠어.' 하지만 놀랍게도 강연장은 사람들로 미어졌다. 나는 친구들에게 물었다. "이들이 모두 석사과정 학생인가요?" 그들이 대답했다. "아니에요. 캠퍼스의 모든 학생이 온 겁니다. 그들은 세계의 종말을 늦추기 위한 이야기를 듣고 싶어 하거든요." 나는 답했다. "잘됐네요. 저도 그렇거든요."

나는 그 학생들과의 만남을 계기로 지속가능한 발전이라는 신화, 자연에 관한 우리의 생각을 공격하는 행위를 정당화하기 위해 기업들이 만들어낸 그 신화에 대해 생각해보게 되었다. 우리 자신이 인류라는 이야기는 아주 오랫동안 우리를 조건 지어왔다. 우리는 그동안—아직 당신의 늑대가 오지 않은 동안—우리가 일부를 이루는 그 유기체, 즉 대지(지구)로부터 멀어졌고, 대지는 대지이고 우리는 우리라고, 대지와 인류는 다르다고 생각하게 되었다. 하지만 나는 자연이 아닌 것이 어디에 있는지 모르겠다. 모든 것이 자연이다. 온 우주cosmos가 자연이다. 내가 생각할 수 있는 모든 것이 자연이다.

20세기 초 미국을 누비고 다니던 유럽 조사원 한 명이 호피Hopi인[6] 영토에 가게 되었다. 그는 자신이 인터뷰하고자 했던 나이 많은 여성과의 만남을 주선해줄 사람을 마을에서 찾았다. 그가 마침내 그 여성을 만나러 갔을 때, 그녀는 큰 바위 옆에서 움직이지 않고 있었다. 조사원은 한동안 기다리다가 "저랑 이야기하지 않을 것 같죠?"라고 말했다. 주선자가 "저 사람은 자매와 대화하는 중이에요"라고 답했다. 조사원이 "그런데 저건 바위인데요"라고 되묻자, 주선자는 조사원에게 말했다. "그게 뭐 문제인가요?"

---

6 미국 애리조나 지역의 원주민.—옮긴이

광산에서 흘러나온 유독 물질이 도시강에 흘러들어갔던 지역에 바위 산맥이 있다.[7] 강의 왼쪽 기슭에는 크레나키Krenak 마을이 자리 잡고 있고, 오른편에는 산이 있다. 그 산의 이름은 타쿠크라키Takukrak이고 인격을 가지고 있다고 나는 배웠다. 이른 아침 마을 중심에서 그 산을 바라보면, 사람들은 그날 날씨가 좋을지, 침착하게 있는 게 나을지 바로 알 수 있다. 산이 '오늘은 대화할 기분이 아니야'라는 얼굴을 하고 있으면, 각자 조심해야 한다는 것을 안다. 산이 머리 위에 떠 있는 하얀 구름으로 치장한 채 아름답고 화려하게 빛나는 모습으로 아침을 맞이하면, 사람들은 이렇게 말한다. "잔치를 벌이든, 춤을 추든, 낚시를 하든, 당

---

[7]   도시강Rio Doce은 브라질 남동부의 강으로 미나스제라이스주와 이스피리투상투주를 가로지르는 강으로 '달콤한 강'이라는 뜻이다. 여기서 크레나키는 2015년 11월에 발생한 환경 재앙을 말하고 있다. 브라질의 다국적기업 발리Vale S.A.와 영국과 호주의 합작 다국적기업 BHP 빌리턴BHP Billiton이 공동 투자한 사마르쿠 광산회사Samarco Mineração S.A.가 마리아나 지역에서 광산을 운영하고 있었는데, 광산에서 흘러나오는 오염 물질을 막고 있던 푼다옹댐이 붕괴하는 사고가 발생한 것이다. 이로 인해 19명이 목숨을 잃었고, 비소, 망간, 납, 알루미늄, 철 등이 함유된 유독 물질과 광산의 온갖 쓰레기가 도시강으로 흘러들어갔다. 오염 물질의 총량은 5500만 세제곱미터에 달했다. ─옮긴이

신은 하고 싶은 걸 마음대로 해도 된다."

호피인 여자가 자신의 자매 바위와 대화했듯, 세계의 매우 많은 지역에는 산과 대화하는 수많은 사람이 있다. 안데스 지역, 예컨대 에콰도르와 콜롬비아에서는 산들이 짝을 이루고 있는 곳을 보게 된다. 어머니 산, 아버지 산, 아들 산이 있고, 서로 느낌을 공유하고 물건 더미를 교환하는 산들의 가족이 있다. 그런 산골에 사는 사람들은 산을 위해 잔치를 벌이고, 산에게 먹을 것을 주거나 선물을 만들어주고, 그들 자신도 산에게 선물을 받는다.

여기서 우리가 우리 자신에게 던져봐야 할 질문은 이런 것이다. 이런 이야기들은 왜 우리의 열광을 불러 일으키지 않을까? 우리가 이런 이야기들을 부인하고 거부하면서 포괄적이고 피상적인 이야기를 선택하는 이유는 뭘까? 왜 우리는 우리 모두에게 똑같은 역사를 들려주려고 노력하는가?

1960년대 초 케냐의 마사이Massai인은 영국의 식민지 행정 당국과 갈등을 빚었다. 영국인들이 마사이인의 산을 공원으로 바꾸려고 했기 때문이다. 성스러운 장소를 공원으로 바꾸면 좋겠다는 발상이 세계 곳곳

으로 전파되었는데, 마사이인들이 그 조잡한 발상에
반대하며 들고일어났다. 내가 생각하기에 그 발상은
공원park에서 시작해 주차장parking으로 끝난다. 언제나
이러저러한 방식으로 자동차 모아놓기에 성공하는
것으로 끝나기 때문이다.

　이것이 소위 '이성'이라 불리는 것의 남용을 보여
주는 전형적인 사례다.

　모든 곳의 인류가 자기 자리에서 밀려나가는 동안
수많은 교활한 기업들이 대지(지구)를 차지하고 있다.

　우리 인류는 숲, 산, 강을 먹어 치우는 그런 기업들
이 생산하는 완전히 인공적인 환경에서 살아가게 될
것이다. 그들은 우리를 이런 상황에, 모든 것을 박탈
당한 상황에 붙잡아두기 위해 무엇이든 발명할 준비
가 되어 있다. 우리가 많은 양의 약을 먹기만 한다면
그렇게 될 수 있을 것이다. 결국 그들은 자신이 생산
한 쓰레기로 무언가를 해야 한다. 그 쓰레기는 우리의
기분을 즐겁게 해줄 물건 더미로, 우리에게 먹일 거대
한 약의 더미로 바뀔 것이다.

　혹시 여러분은 내가 또 하나의 신화, 기업의 모습
을 한 괴물에 관한 신화를 꾸며내고 있다고 생각하는

가? 하지만 그 기업들은 분명히 실재한다. 그들은 이름과 주소는 물론이고 은행 계좌까지 가지고 있다. 계좌라니! 이 행성의 주인은 그들이고, 그들은 자신들의 쇼핑센터를 전 세계로 확장해나가며 분 단위로 더 많은 돈을 벌고 있다. 그들은 진보에 관한 자신들의 모델을 모든 곳에 퍼뜨리는데, 이 모델은 행복well-being에 대한 특정한 생각을 반영한다. 우리에게는 그 생각에 종속되는 것 말고는 다른 선택지가 없다.

대규모 도심지들, 세계적 대도시들은 서로가 서로를 재생산한다. 만일 당신이 도쿄, 베를린, 뉴욕, 리스본, 상파울루에 간다면 믿기 어려울 정도로 높은 탑과 깜짝 놀랄 만한 엘리베이터를 건설하려는 동일한 열광을 발견하게 될 것이다. 그리고 당신은 헬리콥터의 이동이 늘어나는 것도 보게 될 것이다. 우리는 그런 곳에서 〈플래시 고든Flash Gordon〉[8]과 함께 여행하는 기분을 느끼게 된다.

그동안 다른 한편에서 인류는 대지(지구)라는 이

<hr />

[8] 알렉스 레이먼드Alex Raymond(1902~1956) 원작의 미국 만화로 1930년대 신문에 연재된 후 1980년대에 TV 시리즈, 극장판 영화 등으로 꾸준히 제작된 공상과학물이다. —옮긴이

유기체로부터 갈수록 더 선명한 방식으로 분리되고 있다. 강기슭, 대양의 연안, 그리고 아프리카, 아시아, 아메리카의 숲 등 이 행성의 거의 모든 곳에 흩어져 있는 잊힌 자들만이 여전히 대지와의 접촉을 유지할 필요를 느끼는 듯하다. 그 잊힌 자들이란 카이사라caiçara, 인디오índio, 킬롱볼라quilombola,[9] 원주민aborígen, 즉 하위 인류sub-humanity다.[10] 한편에는 세련된 인류가 있고, 다른 한편에는 더 투박하고 거친 유기적 층層이 있다. 이러한 하위 인류는 여전히 땅에 결속되어 있는 이들로 구성된다. 그들은 땅을 먹고, 마시고, 땅 위에 누워서 자고, 땅에 둘러싸이기를 원한다고 할 수 있을 것이다. 기업들이 이런 땅의 아이들을 어머니 대지로부터 분리하는 메커니즘을 점점 더 많이 만들수록, 이들이 땅과 맺는 관계는 귀찮은 것이 된다. '이들과 땅이라는 자연 자원을 떼어놓자. 이들은 그 자원을 이용

---

9   '카이사라'는 투피Tupi어에서 유래된 말로, 상파울루주와 파라나주의 대서양 연안 지역 주민을 지칭한다. 16세기 무렵에 원주민, 포르투갈인, 아프리카계 노예의 혼혈로 형성된 집단이다. '킬롱볼라'는 도망노예 공동체를 의미한다. 카이사라, 킬롱볼라 등은 브라질 연방법에 따라 '전통적 주민 혹은 공동체povos e comunidades tradicionais'의 지위를 갖는다.—옮긴이

하는 법을 모른다. 이런 엉망진창을 그대로 놔두는 것
보다는 트랙터와 불도저를 설치하는 편이 훨씬 더 낫
겠어.' 하지만 이는 무엇에 관한 이야기인가? 누구를
위한 '자연 자원'인가? 무엇을 하기 위한 '지속가능한

10 16세기 유럽인의 도착 이전 아메리카 대륙의 거주민과 오늘날까
지 그들의 정체성을 계승하며 살아가고 있는 아메리카 주민 집단을 부
르는 용어는 그 자체로 투쟁의 장이었다. 익히 알려진 것처럼, '인디오'
는 1492년 콜럼버스가 인도로 가는 항로를 찾기 위해 대서양을 횡단
해 카리브해에 도착한 후 그곳의 주민을 인도인이라고 착각해 사용하
기 시작한 용어로, 식민지 시대 이후로 사회적 차별의 대상을 지시했
다. 이러한 사회적 차별을 없애고 동등한 시민으로서 호명하기 위해 19
세기 라틴아메리카의 근대 국가 대부분은 'indígena'라는 용어를 채택
했으며, 1989년 국제노동기구ILO에서도 이 용어를 사용하기 시작했다.
'originários'와 'aborigen'은 유럽인 도착 이전의 '기원'과 그것의 계승
을 강조하는 용어이다.
　　이들 용어는 '토착민', '선주민', '원주민' 등으로 옮겨진다. 이처럼
복합적인 의미화 과정을 간과하지 않으면서도 독자의 이해를 돕기 위
해 'índio'는 '인디오'로, 'indígena', 'aborígen', 'originários'는 '원주
민' 또는 '토착민'으로 옮기되 필요한 경우 원어를 병기했다. 인디오는
아메리카 대륙에 국한되어 사용되는 반면, 그 외 용어들은 대향해 시
대와 함께 유럽인의 탐험, 정복, 식민화 과정이 시작되기 전 세계 각지
의 인간 집단과 그들의 계승자를 지시할 때 사용되기 때문이다. 그렇지
만 인디오가 모든 곳에서 차별적 단어로 사용되는 것은 아니다. 크레나
키는 원주민 집단을 지칭하는 여러 개념 중 하나로 이 단어를 쓰고 있으
며, 비베이루스 지 카스트루 역시 인디오를 원주민indígena과 구별되는
인류학적 개념으로 사용한다. 앞서 언급한 비베이루스 지 카스트루의
텍스트 〈조국의 비자발적인 자들〉과 99쪽 장-크리스토프 고다르 글의
11번 주석을 참고하라. ─옮긴이

발전'인가? 지속시킬 필요가 있는 것은 무엇인가?

인간이 추상적 문명 안에서 대지(지구)로부터 분리
되어 살아갈 수 있다는 생각은 말도 안 되는 것이다.
이런 생각은 다양성을 파괴하고, 삶의 형태와 존재 양
식의 다원성을 부정한다. 그 생각은 모든 사람에게 같
은 음식과 같은 의복을, 가능하다면 같은 언어까지 권
고한다.

유네스코는 2019년을 세계 토착어의 해로 지정했
다. 매년 혹은 1~2분기마다 모국어 가운데 하나, 즉
인류의 주변부에 위치한 소수 집단의 고유한 언어 가
운데 하나가 소멸한다는 사실을 우리 모두 알고 있다.
이제 선호되는 언어 몇 가지만 살아남았다. 지속가능
한 발전이라는 존중해야 할 원칙에 따라, 기업의 세계
가 모든 것을 관리하는 데 도움이 되는 언어들 말이다.

그런데 현실에서 그들은 우리의 강, 우리의 숲, 우
리의 풍경으로 무엇을 만들고 있는가? 우리는 우리
가 사는 지역의 변화를 경험하면서 무척이나 혼란스
러워하고 있고, 신중한 정치적 관점을 모두 잃어버렸
다. 그 결과 우리는 스스로 일어나지도, 다시 숨 쉬지
도 못하고 있다. 그리고 자신의 생태적 환경에서 살아

가는 각자에게, 또한 집단들과 공동체들에 정말로 중
요한 것이 무엇인지도 보지 못하고 있다.

보아벤투라 지 소우자 산투스Boaventura de Sousa Santos[11]
를 인용하자면, 앎의 생태학은 우리의 일상적 경험
을 통합하고, 살고 싶은 장소를 우리 스스로 선택하도
록 고무시키고, 공동체로서 우리의 경험을 고취해줄
것이 분명하다. 우리는 인류가 하나의 종이라는 생각
을 비판적으로 살펴볼 필요가 있다. 소비는 그런 생각
에 따라 관계들의 모든 자리를 차지해버렸다. 우리 아
이들은 아주 어린 나이부터 고객이 되는 교육을 받는
다. 더 많이 소비할 수 있는 사람보다 더 많은 환심을
사는 사람은 없다. 아첨하는 이들이 너무 많아서 추한
머저리가 될 지경이다. 이런 조건에서 대지(지구)에
발붙이고 살기를 추구하는 것은 무엇을 위한 것인가?
왜 땅과의 접촉을 유지하길 원하며 피곤하게 살아야
하는가? 왜 타자성에 직면할 위험을 감수해야 하는
가? 만일 여러분이 소비자로 사는 데 만족할 수 있다

---

11 1940~ . 포르투갈 출신의 사회학자로, '앎의 탈식민화'에 관한 다수
의 저술을 발표했다. ─옮긴이

면, 왜 이 세계에서 비판적이고 의식적인 방식으로 저항해야 하는가? 여러분이 소비자에 대한 그런 생각에 따라 산다면, 의미로 가득 찬 대지, 우주에 대한 다양한 시각[12]을 열어줄 대지 위에서 살아가는 경험을 할 필요가 없는데 말이다.

다비 코페나와Davi Kopenawa는 프랑스 인류학자 브뤼스 알베르Bruce Albert와 20년 동안 대화를 나눈 끝에《하늘의 추락: 야노마미 샤먼의 말La chute du ciel: Paroles d'un chaman yanomami》이라는 환상적인 저작을 썼다.[13] 인간과 문화의 집합이 오늘날에도 여전히 우주에 대한 완전히 다른 시각을 공유하면서, 그리고 모든 것에 의미를 부여하는 방식으로 자신의 장소에서 살아가면서, 이 행성 위에 거주할 수 있는 방법이 무엇인지를 우리에게, 지금과 같은 세계의 종말과 맞닥뜨리고 있는 우리

---

[12] 'cosmovision'을 '우주에 대한 시각'으로 옮겼다. 세계와 우주를 이해하는 가장 기본적인 관점을 뜻한다.—옮긴이

[13] 이 책에 실린 비베이루스 지 카스트루의 후기에서도 언급되지만, 야노마미의 샤먼 다비 코페나와는 브라질 원주민운동을 대표하는 리더 중 한 사람이다. Davi Kopenawa & Bruce Albert, *La Chute du ciel: paroles d'un chaman yanomami*, Plon, 2010(영어판: *The Falling Sky: Words of a Yanomami Shaman*, Nicholas Elliott & Alison Dundy tr., Belknap Press, 2013).—옮긴이

에게 보여줄 힘이 있는 책이다.

사람들은 숲 그리고 숲의 정신과 함께 살 수 있고, 숲에서 지낼 수 있다. 나는 지금 영화 〈아바타〉 이야기를 하는 것이 아니라 베네수엘라와 브라질 국경 지대에 있는 야노마미 영토에 사는 수만 명의―나는 그들 중 몇몇을 안다―삶에 대해 말하고 있다.

가림푸garimpo[14]가 그 영토를 완전히 파괴하고, 앞서 언급한 사악한 기업들과 광산 채굴이 그 영토를 위협한다. 그 기업들은 이런 유형의 우주, 이런 상상력, 야노마미 같은 원주민 집단이 생산할 수 있는 이런 존재 양식에 배타적이다.

우리 시대는 부재를 창조하는 데 전문화되어 있다. 사회에서 살아간다는 의미의 부재, 삶 자체의 경험이 갖는 의미의 부재를 창조한다. 이러한 부재는 여전히 살아서 춤추고 노래하는 기쁨을 누릴 역량이 있는 이들을 향한 극심한 배타성을 만들어낸다. 또한 춤추고 노래하고 비를 내려주는 이 세계에 작은 별자리

---

[14] 노천 광산에서 이루어지는 금과 다이아몬드 채굴을 뜻하는 말로, 이러한 채굴 방식은 자연환경에 막대한 영향을 미친다.―옮긴이

처럼 흩뿌려져 있는 사람들의 무리가 가득히 존재한다. 우리는 좀비의 모습을 한 인류를 받아들이라는 요청을 받고 있지만, 그런 유형의 인류는 삶의 기쁨만큼이나 즐거움에도 배타적이다. 그런 인류에게 남은 일은 세계의 종말에 대한 설교를 늘어놓는 것뿐이다. 이것이 우리로 하여금 우리의 고유한 꿈을 단념하도록 만드는 수단이다. 내가 세계의 종말을 늦추기 위한 생각들에 목소리를 높이는 것은 아주 정확히 다음을 상기시키기 위해서다. 추가적인 역사, 또 다른 이야기를 항상 들려줄 수 있는 우리의 힘을 발전시키자는 것이다. 그럴 수 있다면 우리는 세계의 종말을 늦추게 될 것이다.

나와 동료들은 어쩔 수 없이 세계의 이곳저곳을 방문하게 되었다. 이 경험이 기업의 세계에 대한 은유로 이해되는 것이 아니라, 우리가 서로에게 무엇인가를 기대할 수 있다는 느낌을 얻는 기회로 이해되는 것이 중요하다. 포르투갈 또는 다른 나라를 방문하고, 다수의 청중을 맞이하고, 수많은 사람을 만난다는 것은 나에게 커다란 기회와 같다. 앞서 말한 몇 가지 생각들을 지키려는 나에게 이러한 경험이 용기를 불어

넣어준다는 것을 여러분은 믿어도 좋다. 그것은 지금 우리 눈앞에 드러난 세계 종말의 시작을 가능한 한 늦추기 위한 생각들이다. 그리고 나는 여러분도 그 생각들을 해보길 제안한다. 이는 여러분과 내가 같은 것을 하기 위함이다.

브라질의 토착민 집단들은 그들의 세계를 끝내려는 식민화에 저항하기 위해 어떻게 했는가? 그들은 그 악몽을 가로질러 마침내 21세기에 도달하기 위해 어떤 전략을 사용했는가? 기존 질서에 순응하는 자들의 거대한 행렬에, 그들은 여전히 약간의 불협화음을 집어넣을 역량이 있다. 나는 우리 선조들이 고안했던 여러 가지 기술을 보았고, 원주민의 저항에 영감을 불어넣었던 시 예술과 창조성은 물론, 그러한 기술로부터도 자양분을 얻었다. 문명은 그들을 야만인이라 불렀고, 그들을 인류라는 클럽에 통합시킬 수 있도록 문명화한다는 목적 아래 그들을 상대로 끝없는 전쟁을 일으켰다. 이들 중 다수는 개인이 아니라 '집단적 주체들'이다. 즉 자신을 둘러싸고 있는 모든 것과 사회적 관계를 형성하고, 세계에 대한 자신의 시각을 시간을 통해 전달하는 데 성공한 이들이다.

인류학자들은 종종 원주민의 이런 경험을 제한적으로 이해하는데, 그 경험은 단지 문화적인 것이 아니라 의식적인 저항 전략으로 이해되어야 한다. 나는 몇몇 인류학자들이 내 글을 읽게 될 수도 있다는 것을 안다. 하지만 그렇다고 해서 그들이 신경을 곤두세울 필요는 없다. 그런 전략의 목적이 오로지 세계의 종말을 늦추는 데 있음을 알아챈 사람은 여러분 중에 몇 명이나 될까? 내 이야기는 내가 지어낸 것이 아니라 원주민의 끈질긴 저항으로부터 얻은 것이다. 우루과이의 작가 에두아르도 갈레아노Eduardo Galeano가 '불의 기억'이라고 불렀던 것처럼, 원주민은 자신의 땅에 대한 깊은 기억을 간직하고 있다. 갈레아노는《불의 기억Memoria del fuego》과《수탈된 대지Las venas abiertas de América Latina》에서 카리브해 지역, 중앙아메리카, 과테말라, 안데스 지역, 남아메리카 나머지 지역의 원주민이 어떻게 문명은 근본적으로 양가적이라는 확신을 갖게 되었는지 보여준다. 그들은 이 사실을 즉시 깨닫지는 못했지만, 문명인들의 계획이 위험한 원리, 그러니까 약탈의 원리에 기초하고 있다는 것을 머지 않아 이해하게 되었다. 그들은 '숲에 사는 우리는 그 어떤 것도 약탈당하길 원치 않는다'고 했지만, 이 말을 들은 문명인들은 이런 식으로 이해했다. '네가 도둑맞은 그 물건을 가져라. 성경도 가지고, 십자가도 가지고, 우리의 학교도 가지고, 우리의 대학도 가지고, 우리의 도로도 가지고, 우리의 철도도 가지고, 우리의 광산도 가져라. 그리고 우리가 너희에게 정신 나간 짓을 하도록 내버려둬라.' 정말 이상한 계획 아닌가? 이런 계획이 확신을 주지 못했다는 것은 그다지 놀라운 일이 아니다. 더 신기한 점은 그 문명인들에게는 그것 말고는 제안할 다른 것이 없었다는 것이다.

추락하고 있다는 느낌이 왜 우리를 불편하게 만들까? 그렇지만 우리는 꽤 오랫동안 그저 추락하는 것 말고는 아무것도 하지 않고 있다. 떨어지고, 떨어지고, 떨어진다. 그런데 왜 지금 우리는 추락을 걱정하고 있는가?

아직도 수백 개의 토착민 집단이 분명히 살아 있다. 그들은 역사를 들려주고, 노래하고, 여행하고, 우리에게 말하고, 우리가 이 인류로부터 배워야 할 것 이상을 우리에게 가르쳐준다. 그 인류는 따로 떨어져 있는 어떤 것, 세계에서 가장 흥미로운 것이 아니라 전체의 일부를 구성하고 있는 것이다. 아마도 이런 생각이 이 인류의 자만심, 즉 우리가 우리라고 생각하는 그 인류의 자만심을 조금이나마 벗겨낼 것이다. 또한 이 생각은 우리와 함께 이 우주적 여행을 하는 다른 모든 이를 존중하는 데 도움이 될 것이다.

2018년, 브라질의 새로운 상황[15]이 우리를 괴롭히고 있을 때 많은 이가 나에게 물었다. "인디오들은 이 모든 것에 어떻게 맞설 수 있을까요?" 나는 이렇게 단순하게 답했다. "인디오들은 500년 동안 저항해왔습니다. 제가 지금 더 걱정하는 것은 백인들입니다. 그들은 이 난관에서 벗어나기 위해 어떻게 할까요?" 우리는 우리 모두가 동일하다는 생각을 거부하면서, 우리 주체성subjectivity의 영역을 확장하며 저항해왔다. 비록 많이 사라지기는 했지만, 브라질에는 여전히 180개 이상의 개별 언어와 방언을 사용하는 약 220개의

[15] 2018년은 브라질 대통령 선거 및 총선(10월)이 있었던 해였다. 2002년 루이스 이나시우 룰라 다 시우바Luiz Inácio Lula da Silva가 대통령에 당선된 이래로 노동자당이 계속 집권했으나, 2018년 극우파로 분류되는 자이르 메시아스 보우소나루Jair Messias Bolsonaro가 대통령에 당선되었다. 그는 농업 기업의 편에 서서 원주민의 헌법적 권리를 축소시키려 했다.—옮긴이

집단이 존재한다. 이 집단 각각은 모두 다르며, 다른 것으로 남아 있기를 원한다고 우리는 단언할 수 있다

지금까지 말한 것의 효과를 더 잘 파악해보자. 우리의 친구 비베이루스 지 카스트루는 아마존의 관점주의라는 발상으로 사람들을 도발하고 싶어 한다.[16] 이 발상은 정확히 다음 지점에 주의를 집중시킨다. 즉 아마존의 세계에서 인간은 존재에 대한 관점을 가진 유일하고 예외적인 존재자가 아니라는 것이다. 인간은 그러한 관점을 수많은 비인간 존재자와 공유하고, 그 결과 모든 존재자는 끊임없이 자신들 사이의 관계를 신경 쓰게 된다.

하늘을 매달아 고정하는 마법적 경험을 하기, 노래하기, 춤추기는 많은 전통이 공유하는 것이다.[17] 하늘을 매달아 고정하기, 이는 우리의 지평을 넓히는 것이다. 그것은 우리가 정복할 수 있는 지평이 아니라, 우리 존재의 지평이다. 우리의 지평을 넓히는 것

---

16 비베이루스 지 카스트루는 아마존 원주민의 우주론을 '관점주의 perspectivism'와 '다자연주의multinaturalism'라는 개념으로 이론화한다. 좀 더 자세한 설명은 《식인의 형이상학》 한국어판 303~316쪽의 〈옮긴이 해제〉를 참고하라. ―옮긴이

은 우리의 주체성을 풍부하게 한다. 우리의 주체성은 우리가 살아가는 이 시대가 소비하고 싶어 하는 것이기도 하다. 자연을 소비하려는 열망이 존재한다면, 주체성—우리의 주체성—을 소비하려는 열망도 존재한다.

그래서 우리는 우리가 발명할 수 있을 자유와 함께 우리 주체성의 삶을 살아갈 것이다. 그것은 시장에 저항하는 자유다. 자연은 우리가 방어하는 것이 거의 불가능할 정도로 공격받고 있으므로, 우리는 우리의 주체성, 우리의 시각, 존재에 관한 우리의 시학을 지키도록 노력하자. 우리는 서로 같지 않으며, 우리 한 명 한 명이 하나의 별자리와 같다는 것이야말로 경

---

17 하늘을 떨어지지 않게 매달아 고정하는 것은 야노마미의 창조 신화에 등장하는 주요 테마이기도 하다. 앞서 인용한 다비 코페나와의 《하늘의 추락》에 따르면, 세계의 창조자인 '오마마Omama'가 여러 존재들을 만들었지만, 하늘이 추락하면서 모두 무너지거나 다른 존재로 변해버렸다. 그래서 오마마는 떨어진 하늘을 재료로 삼아 더 단단한 숲을 만들고, 하늘이 다시 떨어지지 않도록 고정했다. 야노마미의 세계에서 하늘의 추락을 막으려는 다양한 존재자들의 노력은 지금도 계속되고 있다. 그런 노력을 방해하는 이들이 바로 백인들이다. 《하늘의 추락》 2장 〈첫 번째 샤먼The First Shaman〉과 8장 〈하늘과 숲The Sky and the Forest〉을 참고하라.—옮긴이

이로운 일이다. 우리가 공간들을 공유할 수 있다는 사실, 우리가 함께 여행하고 있다는 사실이 의미하는 바는 우리가 서로 같다는 것이 아니라, 우리의 차이 덕분에 서로가 서로를 끌어당길 수 있다는 것이다. 이는 인류라는 관념에 함께 소속됨으로써 가능한 일이 아니다.

우리는 오로지 모든 것을 동종화하는 한 가지 방법만을 알고 있었고, 이것은 우리에게서 살아가는 기쁨을 빼앗았다.

하지만 우리는 다른 역사, 추가적인 역사를 항상 들려주는 법을 배울 수 있는 만큼, 이를 위한 우리의 힘을 발전시켜야 한다. 그러면 아마도 우리는 세계의 종말을 늦추게 될 것이다.

2. 꿈과 땅에 관하여

미나스제라이스주 북동부와 동부 사이 지역(여기에 도시강과 크레나키 원주민 영토가 있다), 아마존 지역, 페루 및 볼리비아와 접하는 브라질의 국경지대, 알투히우네

그루Alto Rio Negro[18] 등 원주민 사회들은 이 모든 곳에서 브라질 국가와의 정치적 관계가 긴장되는 시기를 보내고 있다.

이러한 긴장은 지금 생긴 것이 아니라 브라질 인민의 삶에 닥친 최근의 정치적 변화에 의해 가중된 것이다. 지난 수십 년 동안 수백 곳의 원주민 공동체는 역대 정부에 헌법적 의무를 이행할 것을, 즉 1988년 헌법이 원주민의 땅으로 지정한 그들 고유의 영토에 대한 권리를 보장할 것을 요구해왔다. 그 원주민 공동체들은 최근의 정치적 변화에 송두리째 휩쓸리고 있다.

국가가 역사 전체에 걸쳐 어떤 방법으로 자신의 지역들에 목적을 할당해왔는지 아는 사람은 드물다. 마찬가지로 원주민 집단이 어떤 방식으로 자기 거주지와 자신의 관계를 형성하는지 아는 사람도 드물다.

식민지 시대가 시작되자마자 유럽 지배자는 어떻게 생존자들의 땅을 점유할 것인가라는 질문에 직면

18　콜롬비아 접경 지역에 위치한 원주민 보호 구역.—옮긴이

했다. 그곳은 침략을 통해 일어난 유럽인과의 비극적인 첫 접촉에서 살아남은 자들이 자리 잡고 있던 땅이다. 오늘날 우리는 그 생존자들의 땅 가운데 아직 남아 있는 곳을 원주민의 땅이라 부른다. 식민지 시대 이래로 그 땅의 분배는 식민 지배자와 토착민 집단 사이의 관계를 규정하는 주요 쟁점을 드러내왔다.

3세기에 걸친 유럽인의 식민화 역사를 이어받은 브라질 국가의 등장을 고려할 때, 자신의 땅을 점령당한 원주민 집단들이 살아남아 21세기를 맞이할 것이라고 믿기는 분명 어려웠다. 원주민 집단들이 자신의 고유한 조직 형태를 유지한 채 자신의 삶을 꾸려갈 역량을 갖출 수 있을 것이라고 생각하기는 아마 더욱더 어려웠을 것이다. 따라서 국가 기계가 원주민들을 브라질 사회의 일부로 통합하려 하면서 저항적 사회 조직의 모든 형태를 해체시키기 위해 행동한 이유는 아주 단순했다.

수백 년 동안의 정치적 갈등, 살아남은 원주민 공동체들이 오늘날까지 계속 겪고 있는 그 갈등은 수십 년 전부터 새로운 차원에 접어들고 있다. 이제 우리는 마지막 피난처들을 방어해야 한다. 그곳에서 자연은 여전히 번영하고 있고, 우리는 양식과 살 곳을 마련할 수 있다. 그리고 우리는 그곳에서 이 작은 사회 각각이 유지해온 삶의 방식에 따라 계속 살아갈 수 있다. 그 사회들은 자신에게만 드러나는 시간 속에서 국가에 과도하게 의존하지 않은 채 그러한 삶의 방식을 유지해올 수 있었다.

우리 크레나키인들이 와투Watu, 즉 '우리의 할아버지'라고 부르는 도시강은 경제학자들이 말하는 자원이 아니라 인격을 가진 존재다. 그는 누군가에 의해 점유될 수 있는 것이 아니다. 우리 집단은 우리가 거주하는 특정 장소에서 단단한 형태를 갖추게 되며, 그는 이러한 우리 집단의 일부로 존재한다. 그 장소는 외부의 압력에도 불구하고 우리가 우리의 조직 형태를 재생산할 수 있는 곳이지만, 브라질 정부는 우리를 점진적으로 그 장소에 유폐시켰다. 그리고 우리는 그 효과를 경험하고 있다.

브라질 국가와 원주민 사회 사이의 관계를 말하기 위해, 그리고 오늘날 브라질에서 원주민에게 무슨 일이 벌어지고 있는지 모르는 사람에게 그 일을 들려주

기 위해 크레나키 원주민의 상황에서 출발할 수 있어
야 한다. 우리는 원주민 공동체 전체가 약 90만 명에
이른다고, 즉 브라질 대도시의 인구에도 못 미친다고
추정하고 있다.

브라질 역사의 바탕에는 인디오가 자연을 고갈시
키는 식민적 강제력의 기획이 성공적으로 완수되는
데 기여했어야만 한다는 발상이 깔려 있다. 인디오는
비인간적 대우를 겪었음에도 자기 삶의 형태를 유지
하며 그런 식민적 기획에 저항해왔다. 하지만 이러한
사실조차 그들의 영토 전체를 보존하도록 해주진 못
했다. 인디오는 수많은 브라질인의 상상력에 자양분
을 공급해주고 있지만, 그들 자신의 땅에서도 환대받
지 못한다.

와투강은 미나스제라이스주와 이스피리투상투주
를 가로지르며 강변에서 살아가는 우리와 우리 선조
들의 삶에 함께해왔다. 2015년 광산 폐기물 저수지를
막고 있던 두 개의 댐이 붕괴했고, 거기서 흘러내려
온 유해 물질이 와투강 총연장 중 600킬로미터 이상
을 완전히 뒤덮었다. 그 결과 우리는 혼수상태에 빠진

강 옆에서 고아 신세가 되었고, 우리 역시 곧 혼수상태에 빠졌다. 이 범죄는—이 일은 사고라고 불릴 수 없다—우리의 삶에 매우 근본적인 영향을 끼쳤고, 그 결과 우리는 종말을 맞이한 어떤 세계의 실재적인 조건들 속으로 던져졌다.

여기서 우리는 우리 인간이 대지(지구)라는 살아 있는 유기체에 가하는 충격을 논하고자 한다. 수많은 문화권에서 대지(지구)는 여전히 어머니처럼 여겨진다. 그것은 우리 존재에 의미를 부여하면서, 우리의 생존에 필요한 것을 공급해주고, 또한 우리 삶을 풍부하게 해주기도 한다. 우리는 세계 여러 곳에서 대지(지구)로부터 너무나 근본적인 방식으로 분리된 나머지, 인간 집단들이 여기저기를 옮겨 다녀도 더 이상 주목하지 않게 되었다. 우리는 마치 옆 동네에 가듯 대륙들을 가로지른다. 효과적인 기술의 발전 덕분에 우리가 이곳저곳을 여행할 수 있게 된 것, 그리고 기술 장치 덕분에 우리가 행성 전체를 편리하게 누비게 된 것이 분명하다면, 그로 인해 우리의 이동이 갖는 의미가 상실되었다는 것 역시 분명하다.

마치 우리가 의미 없이 비어 있는 세계에 버려진 것처럼, 우리가 서로 공유할 수 있을 만한 윤리학을 만들어야 한다는 모든 책임에서 벗어난 것처럼 모든 일은 흘러가고 있다. 그럼에도 우리는 우리 삶을 짓누르는 선택의 무게를 계속해서 느끼고 있다. 우리가 선택했던 것의 결과는 끊임없이 우리에게 위험 신호를 준다. 그런 책임의 부재에서 시선을 돌리려는 태도에 주의를 기울일 준비가 되었다면(책임의 부재라는 현상은 행성 전체에 매우 빠르게 퍼지고 있다), 아마도 우리는 인간 집단 사이의 협력에 도움이 될 만한 새로운 통로를 찾을 수 있을지도 모른다. 그 협력은 이러저러한 어떤 인종 집단이 아니라 우리 자신을 구하기 위한 것이다.

30년 전, 나는 우리가 브라질에서 살아가는 현실을 다른 집단들과 다른 정부들에 알려주기 위해 광범위한 관계 네트워크에 들어간 적이 있다. 그 네트워크의 목적은 이 행성 전체를 둘러싸고 있는 토착민 집단들과의 연대 채널을 활성화하는 데 있었다. 내가 그 30년 동안 배운 것은 모든 인간 집단이 스스로 깨어날 필요가 있다는 점이었다. 한동안 우리는 멸종의 위협, 자기 삶의 방식이 결정적으로 단절될 위협을 받는 이들이 오로지 원주민 집단뿐이라고 생각했다. 그러나 우리의 요구를 충족시킬 대지의 역량이 사라질 상황이 임박한 오늘날, 우리는 모두가 동일한 멸종 과정에 들어와 있다는 것을 확인하고 있다.

야노마미인의 샤먼인 다비 코페나와가 말한 것처럼, 모든 것이 상품이라는 믿음이 보편화되었고, 우리가 경험하고 느낄 수 있는 모든 것을 상품에 투영하는 지경에 이르렀다. 세계 여러 곳에 사는 사람들의 모든 경험이 상품에 투영되면서, 우리는 우리 외부에 있는 모든 사물이 무조건 상품일 것이라고 믿게 되었다.

오늘날 이러한 비극은 세계 전체로 확장되었지만, 이 행성의 몇몇 지역에서는 그 비극이 초래하는 결과가 늦춰지고 있다. 이는 위협으로부터 보호받는 안전한 임시 공간을 만들 수 있는 정치권력들—정치적 선택들—때문이다. 그 공간에서 살아가는 공동체들은 이미 공유와 장소의 진정한 의미를 잃어버렸지만, 그럼에도 여전히 시스템에 의해 보호받고 있다. 그러나 이 시스템은 갈수록 숲, 강, 산을 고갈시킨다. 우리는 이런 말도 안 되는 딜레마에 직면하고 있다. 즉 생명과 삶의 다른 모든 형태를 고갈시키는 대가를 치를 때에만, 인간 공동체가 존속할 유일한 가능성이 생긴다는 딜레마 말이다.

우리가 인류세라고 불릴 수 있는 지질학적 시기에 들어왔다는 생각은 우리를 향한 경고로 받아들여져야 할 것이다. 인류세라는 말이 지시하는 것은 우리가 지구라는 행성에 매우 강한 흔적, 즉 지질학적 시기의 변화를 가져올 정도의 흔적을 남기고 있다는 사실이다. 무엇보다 이 말은 우리가 사라진 뒤에도 우리의 행위가 남긴 결과가 매우 오랫동안 지속될 것임을 상기시킨다. 우리는 삶의 원천들을 고갈시키고 있다. 그 원천들이란 우리를 번영할 수 있도록 해주었고, 우리가 우리의 집에 있다는 느낌을 가질 수 있도록 해주었던 것이다. 또한 어떤 시대에 그 원천들은 우리 모두 함께 돌보는 공동의 집이 있다는 느낌을 가질 수 있도록 해주었다. 우리가 지금 이 지경에 이른 것은 상품의 세계에 흡수되지 않은 모든 조직 형태를 (지역적 차원에서) 삶에서 배제하기 때문이다. 그래서 우리는 다른 모든 삶의 형태를 위험에 빠뜨린다. 여기서 내가 말하는 다른 모든 삶의 형태는 우리에게 가능한 것으로 주어졌던 것이며, 우리는 그러한 삶의 형태에 따라 공동책임의 의미를 발전시켰다. 그것은 우리가 주변 존재자 모두의 삶을 존중하며 살아가고 있는 장소에 대한 우리의 공동책임을 뜻한다. 우리가 존속시켰던 어떤 추상물, 다른 모든 존재자를 배제하는 유일한 인류라는 추상물에 관해서만 이야기하는 것은 그만두자.

그런 추상물로서의 인류는 강이 혼수상태에 빠질 수 있다는 것도, 그 강이 우리의 할아버지가 될 수 있다는 것도 인정하지 않는다. 아프리카와 남아메리카의 어느 곳에서 착취당한 후 이 행성의 다른 곳에서 상품으로 변형된 산 역시 어떤 존재자 무리의 할아버지, 할머니, 어머니, 형제라는 것도 인정하지 않는다. 그 존재자 무리는 우리가 대지(지구)라고 부르는 이 공동의 집에서 자신들의 삶을 계속해서 함께 나누고 싶어 하는 이들이다.

크레나키Krenak라는 이름은 두 개의 단어로 이루어진다. 첫 번째 음절의 단어 '크레kre'는 '머리'를, 두 번째의 '나키nak'는 '땅'을 의미한다. 크레나키는 우리가 선조로부터, 우리의 원초적 기억으로부터 물려받은 유산이다. 이 유산은 우리의 정체성을 '땅의 머리'로 규정한다. 즉 땅과의 깊숙한 일치, 땅과의 연결 없이는 자신을 이해하지 못하는 인류로 규정한다.

우리가 말하는 것은 단순한 영토로서의 땅이 아니라 우리 모두가 공유하는 장소로서의 땅이다. 오늘날 우리 크레나키인은 그러한 장소로부터 뽑혀나가고 있다는 느낌을 받고 있다. 우리에게 이 장소는 항상 성스러운 곳이었다. 하지만 문명화된 우리의 이웃들은 이런 식으로 생각할 수 있다는 것을 창피해하는 것 같다.

우리의 강이 성스럽다고 말할 때, 사람들은 보통 이렇게 말한다. "그들의 민간신앙 같은 것이군요." 산이 비가 올 거라고 알려주었으니 풍요로운 날과 좋은 날을 기대한다고 말하면, 그들은 이렇게 답한다. "그건 말이 안 됩니다. 산은 말을 하지 않아요."

하지만 우리가 강과 산에서 그들의 인격을 제거할 때, 우리가 그들에게서 그들의 의미를 제거할 때, 이런 것들은 인간 존재만 갖는 배타적 속성이라고 고려할 때, 우리는 어떤 힘들을 풀어놓게 된다. 그것은 강

과 산을 산업과 채굴경제[19] 활동의 폐기물로 변형하
는 것 말고는 다른 결말이 없는 힘들이다. 어머니 대
지(지구)와의 분리는 어머니를 사라지게 만들고, 우리
모두를 고아로 남긴다. 인디오, 원주민 또는 토착민
집단으로 다양하게 불리는 이들뿐만 아니라 우리 모
두가, 모든 인간 집단이 고아가 된다.

우주에 대한 우리의 다양한 시각 사이의 이러한
만남이—우리에게는 아직 이 만남을 공유할 기회가
있다—우리의 실천과 행동에 영감을 주길 바란다. 또
한 우리가 삶에 대한 적대적 행동 방식에서 벗어나,
삶에 대한 책임이라는 형태로 나아갈 수 있도록 용기
를 주길 바란다. 나와 내 동료들에게 이는 우리가 밀
착되어 살아가는 장소를 뛰어넘어 우리의 시각을 공
유하는 데 성공한다는 것을 함축한다. 상품, 안전, 소
비에 대한 자신의 필요를 충족시키기 위해 결국에는
대지(지구)의 모든 힘을 소진시키는 사회성과 조직의

19 '채굴경제'로 옮긴 'extractivismo'(영어로는 'extractivism')는 자
연 자원을 대규모로 뽑아내는 방식으로 부를 축적하는 경제 체계를 의
미한다. '채굴주의'로 번역되는 경우도 있다.—옮긴이

형태들을 다룰 수단을 우리는 찾아야 한다. 그러한 형태들은 인간 공동체의 커다란 부분을 배제하고 있다.

공통의 기원들을 가지고 있지만 오늘날에는 서로 멀어져버린 이 세계들 사이의 접촉점을 어떻게 모색할 수 있을까? 그 세계들은 서로 극단적으로 멀어진 나머지, 한쪽에는 강과 함께 살아가며 강의 정신을 존경하는 사람들이 있고, 다른 한쪽에는 강을 자원처럼 간주하면서 소비하고 착취하는 사람들이 있다. 산, 강, 숲에 자원이라는 지위를 부여하는 이런 발상을 가지고서 우리 시각 사이의 접촉점을, 서로를 인정하지 않는 이러한 상태에서 벗어나게 해줄 그 접촉점을 도대체 어디서 찾을 수 있겠는가?

내가 꿈과 땅에 대해 말하겠다고 했을 때, 나는 다양한 문화와 다양한 인간 집단에서 발견되는 어떤 실천을 상기시키고 싶었다. 그 실천이란 꿈을 하나의 제도institution로서 인정할 때 이뤄진다. 즉 잠자는 각자의 고유한 꿈 경험이 아니라, 규율 잡힌 훈련으로서의 꿈 말이다. 이런 훈련은 집단에 관련된 것으로, 우리의 일상적 선택들에 부여해야 하는 지향점을 찾기 위해 실행된다.

　어떤 사람들에게 꿈은 현실의 반대이고, 삶의 구체적 의미를 포기하는 것이다. 하지만 꿈이 알려주지 않았다면 삶에서 의미를 찾지 못했을 또 다른 사람들도 있다. 우리는 꿈에서 노래, 치료술, 영감은 물론 심지어 실천적 문제들에 대한 해법도 길어 올린다. 그 실천적 문제들은 우리가 선택을 하도록 해주며, 꿈의 도움 없이 이러한 선택을 하는 것은 불가능할 것이다.

　이런 인간 집단들에게는 규율로서의 꿈이라는 제도가 곧 배움의 길이다. 그 규율은 우주에 대한 시각, 그리고 교육과 관련된다. 꿈은 인간은 물론 다른 존재자와 소통할 수 있게 해주면서, 우리를 삶에 대한 앎으로 인도한다. 또한 이러한 앎을 적용하는 행위는 세계, 대지(지구), 다른 이들과 우리가 맺고 있는 모든 관계를 안내한다. 바로 여기에 꿈과 대지가 연결되는 방식이 있다. 이것이 아마도 첫 번째 접촉점일 것이다.

3. 우리가 우리 자신이라고 생각하는 인류

우리가 우리 자신을 인간이라고 생각할 때, 그 인간의 관념, 그리고 어떤 특정한 존재 유형이 우리를 너무 과도하게 조건 지우는 것 같다. 아마도 우리는 그런 모델이 흔들린다면 우리의 정신이 어떤 단절을 겪을지 모른다고, 마치 심연으로 추락하는 것과 같은 고통을 겪을지 모른다고 걱정하고 있을 것이다. 하지만 우리가 떨어질 위험이 있다고 말한 이는 누구인가? 그리고 우리가 아직 떨어진 것은 아니라고 말한 이는 누구인가?

우리가 지구(대지)라고 부르는 이 행성 위의 모든 대륙이 하나의 거대한 판게아Pangaea로 모여 있던 시기가 있었다. 만일 우리가 그것을 하늘 높은 곳에서 바라볼 수 있었다면, 우리는 지구라는 구체를 찍은 오늘날의 사진에서 볼 수 있는 것과 완전히 다른 것을 보았을 것이다. 우주 비행사 유리 가가린Yuri Gagarin이 '지구는 푸르다'라고 선언했을 때, 그가 우리 인류에게 보내준 것은 어떤 이상적 모습, 즉 우리가 우리 자신이라고 생각하는 이 인류가 지구에게 기대하던 이상적 모습은 아니었는지 누가 알겠는가. 그는 우리의 눈을 가지고 그의 유리창을 통해 바라보았고, 우리가 보고 싶었던 것을 보았다. 만일 우리가 두 가지 이미지, 즉 우리가 생각하는 것에 대한 이미지와 우리가 가지고 있는 것에 대한 이미지를 양옆에 나란히 놓을 수 있다면, 우리는 그 둘을 비교하며 무언가를 확인할 수 있을 것이다. 하지만 많은 일이 이렇게 확인할 수 있는 것보다 우리가 보고 싶어 하는 것에 더 가까운 방식으로 일어난다.

지구가 자신의 역사에서 이미 다른 형태들을 가진 적이 있다면─우리가 없던 시기의 형태를 포함해서─지구의 역사 중 우리가 점유하고 있는 이 시기에 그토록 큰 중요성을 부여하는 이유는 도대체 무엇인가? 인류세라는 개념은 우리의 공통 경험이 생각하는 인간이라는 것에 결정적인 의미를 부여한다. 그 개념이 표현하는 것 중 가장 주목할 만한 것 하나는 우리가 지구와 인류에 대한 어떤 고정된 이미지에 달라붙어 있다는 사실이다.

이러한 정신적 표상은 이데올로기라기보다는 어

떤 집단적 상상의 구축물이다. 그런 집단적 상상은 우리 선조들이 지나온 긴 세월에 걸쳐 구성되었으며, 그들의 욕망, 시각, 전망의 결과로 만들어진 것이다. 우리는 그런 상상을 이어받았고, 우리라는 정체성을 부여하는 우리 자신의 이미지를 생산할 때까지 그 상상에 통합되어갔다. 이는 마치 우리가 행성 전체의 집단적 기억 속에서 우리의 모습을 포토샵으로 수정하는 것과 같다. 또한 이는 우리가 얼굴을 두르고 있는 장식물로부터 우리의 얼굴을 더 이상 구별할 수 없는 것과 같다. 우리는 고갈되지 않는 어떤 것에 대한 이러한 고정된 이미지를 통해 지구를 바라본다.

우리는 마치 어머니의 품에서 젖을 빨던 것처럼, 우리 자신에 대한 편안한 생각에 빠져 있었다. 그 어머니는 너그럽고, 풍요롭고, 다정하고, 애정이 넘치며, 우리에게 영원히 양식을 제공할 것 같았다. 하지만 어머니는 이제 몸을 움직여 우리의 입에서 젖을 빼내고, 우리는 깜짝 놀라 아연실색한다. 우리는 그 어머니 유기체에게 버림받았다는 느낌을 받고, 몸을 떨기 시작한다. 그리고 우리는 이 세계가 우리에게 가장 좋은 세계가 아닐 뿐만 아니라 붕괴될 위험이 있으며,

자신의 추락에 우리를 끌고 들어갈 위험도 있음을 발견한다. 하지만 우리가 추락하고 있다고 할 때, 여러분은 정말 우리가 우리의 추락에 끌고 들어왔던 세계와 똑같이 생긴 세계를 발견해서 그곳에 착륙할 수 있을 거라고 생각하는가? 하지만 어머니는 단순히 몸을 조금 돌린 것뿐이다. 우리가 배고픔 없이 젖을 빠는 데너무나 익숙해져버린 나머지, 그것에 대비하지 않았던 것이다.

세계의 종말이라 불리는 것은 단지 이런 황홀하고 즐거운 상태의 중단일 뿐이다. 우리는 그런 상태가 영원히 지속되기를 원했다. 우리 선조들과 우리가 만들었던 모든 기교와 기법들은 그런 중단에 대한 두려움과 어느 정도 관련되어 있다고 생각해도 될 것이다. 사람들이 그런 두려움을 상품의 세계로 옮겨오면, 그것은 기술을 통해 발전하는 물건과 장치의 거대한 덩어리 안에서 물질화된다. 그런 물건과 장치들은 어머니 대지(지구) 위에 축적되었다.

모든 옛날 이야기에는 식량을 주는 대지, 파차마마Pachamama,[20] 가이아를 향한 기도가 나온다. 이들은 축복, 아름다움, 풍요가 흘러넘치는 완전하고 영원한

여신이다. 번영에 대한 그리스의 이미지를 보자. 그것은 세계에 부유함이 솟아오르게 만드는 풍요의 뿔 그릇으로 나타난다…… 다른 전통들, 즉 인도와 아메리카를 비롯한 더 오래된 문화들도 대지를 연상시키기 위해 어머니를 참조한다. 이는 아버지의 이미지와는 아무런 상관이 없다. 아버지의 이미지를 불러오는 것은 항상 지배, 약탈, 파괴를 표현하기 위해서다.

기술과 근대 과학이 주는 불편한 기분은 이 모든 것이 세계의 한 지역에 국한되지 않았다는 점에서 연유한다. 우리가 '대중혁명'이라고 부르는 것은 전 행성을 하나로 만들었고, 그 결과 20세기의 냉전과 같은 상황을 불러왔다. 인류가 두 개의 극으로 나뉜 채, 장벽의 한편에 있는 일부와 다른 편에 있는 나머지가 극도의 긴장 상황에서 서로를 죽일 준비를 하고 있었다. 세계에 단 두 개의 진영만이 있고, 이들이 서로 다른 편을 지배하기 위해 대치하고 있을 때만큼 세계의 종말이 임박한 경우는 없었다. 이것이 심연이고 추락

20 안데스 원주민 신화에 등장하는 대지의 여신.―옮긴이

이다.

우리가 그토록 여러 번, 그토록 여러 시대에, 세계의 그토록 많은 장소에서 이미 추락했다면, 추락을 그리 두려워하는 이유는 무엇인가? 우리가 느끼고 있는 불확실함, 추락에 대한 이 깊은 두려움은 새로운 위험들의 측면에서 이해되어야만 한다. 즉 오늘날 폭파할 위험이 있는 것은 바로 우리가 이어받은 우리 집이라는 것이다. 우리는 관대하게도 멋진 물건들로 관을 만들어 그 집의 머리에 씌워주었지만, 이제는 모든 것을 잃을지 모른다며 죽도록 두려워하고 있다.

우리는 모든 것을 건 채로 추락을 회피할 방법을 모색하고 있다. 하지만 우리가 찾아야 하는 것은 오히려 잘 추락하는 방법 아닌가? 더 우아한 추락, 유쾌하고 재미난 추락에 필요한 것을 발명하고, 수없이 많은 가지각색의 낙하산을 발명해야 한다. 우리가 정말로 좋아하는 것은 바로 이곳 대지(지구) 위에서 살아가는 기쁨이므로, 우리가 욕망하는 것과는 그만 놀도록 하자. 기술 장치들이 우리를 속이도록 놔두며 불가능한 줄에 매달리는 대신, 우리가 붙잡고 있는 줄을 포기하지 말자. 과학 전체가 기술이라는 것에 홀려 있다.

우리가 과학자라 불러야 한다고 배웠던 사람은 자유를 가지고 있었다. 하지만 그런 자유와 함께 생각하는 사람은 이미 오래전에 사라졌다. 과학자는 이제 없다. 우리가 알고 있는 현상에서 무엇인가를 발견할 역량이 있는 사람은 모두 상품 제작 기계에 사로잡혀버렸다. 우리는 우리에게 식량을 주는 어머니를 잃어버렸다는 불안에 시달리고 있다. 우리 어깨를 짓누르는 그 불안의 무게를 어떤 방식으로든 덜어줄 누군가가 나타나기도 전에, 새로운 기술 장치가 곧바로 출현해 우리를 더 피곤하게 만든다.

우리는 이 모든 발견을 불신해야 한다. 그것이 어떤 목적성에 의해 변함없이 조건 지워져 있기 때문이다. '모든 것에 대한 치료법'이라는 과학적 발견의 목적성은 매우 비싼 대가를 치른다. 우리가 그것을 이용하지 않는다 할지라도 그렇다. 실험실들은 자신이 전 지구적으로 가공한 어떤 세계에서 상업의 톱니바퀴가 굴러가도록 만든다. 그 세계는 다른 지평 위에서 열리지 않고, 다른 세계를 향한 기호를 만들지도 않는다. 오히려 그 세계는 자유를 상실하는 우리의 경험,

우리의 순결함이라고 부를 수 있는 것을 상실하는 경험을 규정한다. 이는 매우 단순한 의미에서의 순결함, 즉 우리를 계획 없는 삶으로 향하게 할 수 있다는 의미에서의 순결함이다.

그 어떤 계획도 없이 즐기기. 죄의식 없이, 모든 계획을 넘어, 대지와 함께 살아가기. 이제 세계는 정당화를 쌓아 올리지 않고서는 그 어떤 것에도 접근할 수 없는 방식으로 진화해왔다. 세계는 순결함을 소비하는 기계로 변형되었다. 대지를 문자 그대로 거주 불가능한 곳으로 만드는 것이 그 기계의 결과다.

오늘날 우리가 살고 있는 세계의 상태는 우리의 최근 선조들이 우리에게 준비하라고 했던 것과 정확히 일치한다. 우리는 지금의 세계에 관해 불평할 수 있지만, 이런 세계가 욕망되었던 것은 이미 2~3세기 전이다. 우리가 바꿀 수 있는 것은 없었고, 그 세계는 우리에게 그대로 전해졌다. 그 결과에 실망할 수 있지만, 우리가 걱정해야만 하는 질문은 이런 것이다. 우리는 미래 세대에게 어떤 세계를 남겨주고자 하는가? 이 문제에 관해 무한정 떠들 수는 있지만, 그것에 답할 수는 없다. 우리의 손자 손녀들, 우리의 증손들, 이미 늙어버린 우리의 아이들은 우리가 남겨줄 세계를 그대로 받게 될 것이다. 그때 우리는 더 이상 그 세계에 대해 책임질 수 없을 것이다. 이전 세대로부터 물려받았던 세계를 향한 우리의 경멸에는 타당하지 않은 측면이 있다. 다시 말해 만일 우리가 이전 세대의 위치에 있었다면 우리의 추락을 늦추기 위해 더 잘할 수 있었을 것이라는 생각에는 거만하고 기묘한 측면이 있다.

따라서 우리의 질문은 다음과 같다. 낙하산은 어디서부터 펼쳐질 수 있는가? 우리가 이미 말했듯, 그것은 꿈의 시각이 가능해진 곳에서부터 펼쳐질 수 있었다(많은 인간 집단들의 경우에서 그러했다). 즉 단단한 땅의 저쪽에 있는, 우리가 거주할 수 있는 다른 곳, 꿈의 장소다. 이는 새로운 직장이나 다음에 구매할 자동차에 대한 꿈이 아니라 초월론적transcendental 경험에 대한 꿈이다. 이런 경험 안에서 인간의 고치cocoon는 삶에 대한 무제한적인 다른 시각들을 향해 스스로 열리기 위해 자기 내부로부터 터져 나온다. 습관적으로 '자연'이라 부르는 것을 지칭하기 위해 아마도 다른 용어가 필요할지 모른다. 그 다른 용어가 지칭하는 꿈의 장소는 문명화된 인간이 이름 붙일 수 없는 것이다. 그런 인간은 그 장소의 깊은 의미를 경험하지 않기 때문이다. 꿈이 일상생활의 한 부분으로서 역할을 수행하는 전통이 있다. 그런 전통 안에서 태어난 이들이 경험하게 되는 꿈을 우리는 어떻게 공유할 수 있을까? 흔히 학교에 가서 하는 것처럼, 그 전통 안에 이들은 실천과 춤을 공유하고, 명상하는 법을 습득하고, 꿈의 장소를 향해 전진하도록 해주는 제도의 기초를 배운다.[21] 샤먼들과 주술사들은 그 장소를 향한 통로를 열어줄 수 있고, 거기서 거주하기도 한다. 이런 장소들은 우리가 공유하는 세계의 부분을 이룬다. 이는 어떤 평행세계가 아니라, 다른 세계의 잠재성이다.

우리가 가능한 다른 세계를 상상하라는 요구를 받을 때, 이는 일반적으로 다음을 시사한다. 우리가 사

---

[21] 여기서 크레나키는 '자연'이라는 개념을 대체할 '꿈의 장소'를 말하고 있다. 하지만 이는 단순히 개념의 변화를 가리키지 않는다. '꿈의 장소'라는 발상은 '자연' 개념 자체의 폐지를 함축하기 때문이다. —옮긴이

회적 관계들, 그리고 자연의 영역에 속하는 것을 사용하는 방법들을 재조직할 새로운 방식을 모색해야 한다는 것이다. 마치 우리 자신은 그 자연의 부분이 아닌 것처럼 말이다. 대부분의 경우, 어떤 고상한 옛 인간에 대한 이미지를 회복하는 것만이 문제가 된다. 그는 자기 자신의 소비 행위를 위해 스스로 창조한 자연에 대한 은유를 가지고 다니는 인간이다.

우리 자신의 각 부위 모두가 자연의 부분을 이룬다. 우리는 자연을 하나의 전체를 구성하는 형태들의 거대한 무리처럼 고려해야 한다. 우리를 구성하는 것은 70퍼센트의 물과 다른 여러 물질이다. 그렇지만 우리는 인간이라는 단일한 단위로서의 추상물을 창조했다. 즉 만물의 척도로서의 인간 말이다. 이런 토대 위에서 우리는 이 행성 위에 있는 모든 것을 짓밟았다. 이는 오로지 하나의 인류만 존재한다는 생각이 일반적 확신으로 자리 잡을 때까지 계속되었다. 우리는 우리 마음대로 이용할 수 있는 어떤 세계에서 활동하면서, 우리 자신을 그런 유일한 인류와 동일시했다.

인류에 관한 이런 생각에 저항하고, 다른 관점과 접촉하려 시도하기 위해서는 다양한 층들과 함께 듣고, 숨 쉬고, 느끼고, 감각할 필요가 있다. 우리를 둘러싸고 있는 존재자들은 물론, 풍경과 모든 종류의 개별체가 그러한 층들을 구성한다. 그 층들은 우리의 외부에 머물고 있고, 이러저러한 이유로 '자연'이라고 지칭될 수 있는 것과 혼동된다. 그 모든 층을 비롯해, 우주에 대한 시각을 공유하면서 살아가는 이들도 준-인류로 규정할 수 있을 것이다. 우리가 이러한 다양한 층들과 우리를 동일시하는 방식은 너무나 인간적인 인간들이 가하는 압력에 의해 사라지는 중이다. 세계에 흩어져 있는 수억 명의 사람들, 문명인들의 춤, 기술, 행성에 대한 통제 외부에 끈질기게 남아 있는 그들이 바로 준-인간이다. 그들은 낯선 안무에 따라 춤춘다는 이유로 전염병, 가난, 배고픔, 조직적 폭력의 위협을 받는다.

유럽에서 출발해 아프리카를 거쳐 아메리카에 도착했다가 아시아를 통해 돌아오는 대항해 주기가 실행되었을 때, 문명인의 소집단과 아메리카 원주민이 처음으로 접촉하자마자 원주민 세계의 상당 부분이 사라져버렸다는 사실을 기억해야 한다. 그것이 꼭 그들을 제거하려는 의도적 행위 때문만은 아니었다. 수없이 많은 사람의 죽음을 가져온 원인은 계속되는 전염병이었다. 배를 타고 온 몇몇 개인에 의한 단순한 전염이 그들의 소멸을 불러왔다. 한 명의 콩키스타도르conquistador[22]가 항로를 따라가며 열대 해변에 발을 내리는 것만으로도 그들에게 죽음을 남기기에 충분했다. 그 정복자들은 자신이 지나가며 감염시킨 희생자들에 대한 이해를 갖지 않아도 상관없었다. 이는 움직이는 세균전(생물전)이었고, 이 전쟁은 어떤 세계의 종말을 가져오게 되었다.

문명인의 방문을 받고 그로 인해 죽었던 인간 집단들의 관점에서 볼 때, 세계는 16세기에 이미 종말을 맞이했다. 나는 끔찍한 식민 정복 기계의 심각함과 그에 대한 책임을 면제해주려는 것이 아니다. 내가 강조하려는 사실은 이런 것이다. 그 시대를 재앙으로 인도했던 수많은 사건 가운데 많은 것은 의도된 것이 아니었다는 것 말이다.

[22] 15~16세기의 스페인과 포르투갈 정복자를 부르는 말이다. ─옮긴이

마찬가지로, 오늘날 우리는 지나친 자신감 때문에 우리 시대 고유의 재앙을 겪고 있다. 선택된 그룹이 인류세라고 부르는 것이 곧 이 시대다. 대다수가 사회적 혼란, 자원 관리에 관한 문제, 삶의 질 하락, 관계의 메마름이 발생할 위험에 관해 말한다. 우리 모두가 이런 심연에 던져졌다. 하나의 문화가 모든 것으로 일반화될수록 삶과 존재 양식의 다양성은 상실된다. 이런 메마름의 결과는 직접적인 위협을 받고 있는 수많은 삶의 형태뿐 아니라 우리 모두에게도 영향을 준다.

브라질에서는 수년 전부터 시민성citizenship이라는 제한된 개념을 확장하고, **밀림의 시민성**florestania이라는 발상을 주장하기 위한 투쟁에 밀림의 거주자들이 참여해왔다.[23] 그곳의 거주자들은 밀림의 내부에서부터 여러 종과 문화들로 이루어진 다양체 사이의 동맹을 만들어내고, 정의justice의 여러 형태를 발전시키고 있다. 그 정의의 형태들에서는 사회와 자연 사이의 분

---

[23] 'florestania'는 포르투갈어 'floresta'(숲)와 'cidadania'(시민성)를 조합한 신조어다.—옮긴이

리가 흐릿하게 유지된다. 원주민 집단에서 온 사람은 물론, 작은 규모로 고무나무를 재배하는 사람, 다양한 노동자들, 생태주의 활동가 등이 밀림의 시민성 안에서 서로 만나게 된다. 이들은 채굴경제와 농산업에 맞서 밀림 지역과 그곳의 생물학적 다양성을 보호하기 위해 자신들을 조직화한다.

시민성은 좁은 길과 같다. 그것은 도시를 참조한다. 도시에서는 물이 운하를 따라 흐르고, 소유물이 각 공간을 구획하고, 권력이 자신의 제도를 통해 행사된다. 그 제도란 우리를 통제하는 것, 즉 학교, 경찰, 병원 따위다.

물론 도시들이 단순히 이렇게 요약되지는 않지만, 밀림의 시민성에 따라 실천되는 저항은 도시적 시민성에 대한 질문을 제기한다. 왜냐하면 도시적 시민성은 주변을 둘러싼 모든 것을 집어삼키고, 삶의 다른 형태들이 가진 잠재적 역량을 무시하는 경향이 있기 때문이다. 도시는 자연 자원의 소비자이고, 이 소비자는 만족을 모른다. 도시 하나가 존재하기 위해서는, 흔히 말하듯 벨루몽치댐[24]과 같은 것을 건설해야 한다. 밀림의 시민성이라는 발상은 히우브랑쿠 지역에서 등장해 아마존의 다른 지역으로 퍼져나갔다. 그 발상은 대지(지구)와 함께하는 삶과 문화의 다양성을 지키기 위한 멋진 방법이다…… 우리의 추락을 조금 더 늦출 수 있는 것, 더 잘 추락하기 위한 행복한 방법.

24　싱구강 북쪽에 건설된 수력 발전 댐이다. 2019년부터 발전을 시작했고, 세계 5위의 발전 용량을 가지고 있다. ─옮긴이

• 아이우통 크레나키의 텍스트는 아래 발표문 세 편을 엮은 것이다.

1. 세계의 종말을 늦추기 위한 생각들

수사나 지 마투스 비에가스Susana de Matos Viegas가 조직한 '아메리카 원주민 영화제: 브라질 원주민 영화의 경로Mostra Ameríndia: Percursos do Cinema Indígena no Brasil'를 준비하는 세미나의 일환이었다.

2. 꿈과 땅에 관하여

2017년 5월 6일 리스본의 마리아 마투스Maria Matos 극장에서 열린 콘퍼런스 텍스트. 조엘 가자리앙Joëlle Ghazarian이 필사했다.

3. 우리가 우리 자신이라고 생각하는 인류

2017년에 주앙 두스 산투스 마르친João dos Santos Martins와 리타 나탈리오Rita Natálio가 조직한 댄스-콘퍼런스 '인류세Antropocenas'의 카탈로그 제작을 위해 작성된 텍스트. 아이우통 크레나키가 2017년 5월 리스본에서 리타 나탈리오와 페드루 네베스 마르케스Pedro Neves Marques와 진행한 대담을 바탕으로 재편집되었다. 대담 필사와 재편집은 마르타 란사Marta Lança가 맡았다.

문헌

BAHIANA, Ana Maria. "Transformamos os pobres em consumidores e não em cidadãos, diz Mujica". BBC News Brasil, 21 dez. 2018. Disponível em: https://www.bbc.com/portuguese/brasil-46624102. Acesso em: 10 maio 2019.

CASTRO, Eduardo Viveiros de. *A inconstância da alma selvagem*. São Paulo: Ubu, 2017.

GALEANO, Eduardo. *As veias abertas da América Latina*. Trad. de Sergio Faraco. São Paulo: L&PM, 2010.

_____. *Memória do fogo*. Trad. de Eric Nepomuceno. São Paulo: L&PM, 2013.

KOPENAWA, Davi; ALBERT, Bruce. *A queda do céu: Palavras de um xamã yanomami*. Trad. de Beatriz Perrone-Moisés. São Paulo: Companhia das Letras, 2015.

SANTOS, Boaventura de Sousa. «Para além do pensamento abissal: das linhas globais a uma ecologia de saberes». *Novos Estudos Cebrap*, São Paulo, n. 79, nov. 2007. Disponível em: http://www.scielo.br/scielo.php?script=sci_arttext&pi-d=S0101-33002007000300004. Acesso em: 10 maio 2019.

영상

CASTRO, Eduardo Viveiros de. *Os involuntários da pátria*. Conferência de abertura do ciclo *Questões indígenas* no Teatro Maria Matos, em Lis-boa. Disponível em: https://www.arquivoteatro-mariamatos.pt/explorar/conferencia-de-eduar-do-viveiros-de-castro/. Acesso em: 10 maio 2019.

AILTON Krenak e o sonho da pedra. Direção e ro-teiro: Marco Altberg. Produção: Bárbara Gual e Marcelo Goulart. Rio de Janeiro, 2017. 52 min. Documentário.

2

종말과 위기를
생각하는 방법

《세계의 종말을 늦추기 위한 생각들》에
대한 후기[1]

에두아르두 비베이루스 지 카스트루

나는 아이우통 크레나키의 작고 소박한 책《세계의
종말을 늦추기 위한 생각들》이 현대 브라질에서 제기

---

1   이 후기를 비베이루스 지 카스트루의 다른 작업들과 함께 이해할
필요가 있다. 그는 데보라 다노브스키Déborah Danowski와 함께 쓴 책에
서 세계의 종말에 관한 다양한 이해 방식을 다루었으며, 최근에는 종
말에 관한 공간적 개념화의 문제를 다루고 있다. 특히《도래할 미래
가 있는가? 공포와 종말에 관한 에세이Há mundo por vir? Ensaio sobre os
medos e os fins》(Antígona, 2014)를 참고하라(영어판: *The Ends of
the World*, Rodrigo Guimaraes Nunes tr., Polity, 2017). 공간적 종
말에 관한 다음 콘퍼런스 영상도 참고할 수 있다. Eduardo Viveiros de
Castro, "Out of place: the spatialization of the eschaton", https://
anthropodeco.hypotheses.org/1604. —옮긴이

된 가장 중요한 정치적 목소리 중 하나에 관한 소개로 읽히길 기대한다. 크레나키는 다니엘 문두루쿠Daniel Munduruku와 다비 코페나와를 비롯한 다른 지식인 및 활동가들과 함께 브라질 역사의 핵심적인 한 챕터를 썼다. 이 챕터는 크레나키가 '인디오가 브라질을 발견해 온 역사'라고 불렀던 것을 이야기해준다. 이 역사는 원주민의 역逆-역사학과 역-인류학으로서, [오늘날 브라질이라고 부르는] 세계의 한 부분에서 살아가던 토착민들을 덮쳤던 네이션-국가의 지배 문화를 연구 대상으로 삼는다. 그가 자신의 책과 다른 텍스트에서 다루는 대상은, 그것이 설사 브라질에 관한 것일지라도 이 지역을 넘어 멀리 나아간다(그의 텍스트는 거의 항상 콘퍼런스와 인터뷰 발표문으로 쓰인 것인데, 이는 그가 말하기라는 표현 방식을 선호하기 때문이다). 크레나키는 '인류humanity'의 길잡이를 자임하는 문명이 어떤 인류학적 전제들을 가지고 있는지, 대지(지구)에서 살아가는 모든 인간, 종, 존재자들의 물질적이고 정신적인 존재 조건들이 그 문명으로부터 어떤 영향을 받고 있는지에 관해 질문한다.

크레나키가 자신의 책에서 독자들에게 던지는 질

문은 단순하면서도 당황스럽다. **"우리는 정말로 하나의 인류인가?"** 여기서 어떤 단어를 강조할지에 따라 이 질문을 [서로 다른] 두 가지 방식으로 이해할 수 있다. '우리는 정말로 **하나의** 인류인가?'(인간이 사회를 이루고 사는 다양한 방식들을 한 가지로 환원할 수는 없지 않은가?) 그리고 '우리는 정말로 하나의 **인류**인가?'('인류'가 아니라 인간과 비인간이 뒤얽혀 있는 상호의존적 네트워크로 봐야 하지 않는가?) 이 질문들에 대한 답을 찾으면서 우리는 스스로에게 되묻게 된다. 크레나키의 질문에 나오는 **'우리'**란 도대체 누구인가? 내 글을 읽고 있는 **당신**은 누구인가? 크레나키가 '우리'라고 말할 때, 바로 거기에 그가 제기하는 진정한 질문이 있지 않은가?

그래서 실제로 우리는 누구인가? 누구와, 무엇과 관계된 '우리'인가? '우리가 우리 자신을 인류라고 생각'할 때, 이 인류의 문제는 관계에 관한 질문을 제기한다—이것은 우리를 구성하는 관계이고, 우리를 하나의 **우리**로서 구성하는 관계이다. 이 우리라는 것은 자신의 다양성 안에서, 또한 자신의 배치 방식 안에서 본질적으로 변이한다. 크레나키가 강조하듯, 우리 중의 누군가는 [즉 브라질 원주민들은] '우리'가 바위, 산, 강

81

과 같은 것들을 포함한다고 본다. '마치 세계의 종말
이 우리를 구원해주기라도 할 것처럼, 종말을 위한 싸
움을 하도록' 만드는 장치들에 저항하기 위해 크레나
키는 자신의 생각들을 제안한다. '우리가 우리 자신을
인류라고 생각'할 때 우리는 지구상의 유일한 '이성
적 자연물', 즉 우리 자신만을 **인격**으로 고려한다. 나
머지는 자원, 즉 **사물**로 본다. 크레나키는 수단과 목
적에 대한 칸트의 정언명령을 우리[인간]에 관한 것으
로만 제한하기를 거부한다. 바로 여기에 그가 제안한
생각들의 핵심 중 하나가 있으며, 그에 따르면 이것은
전 세계 원주민들의 공통된 생각이다. 칸트적 구별은
인격들의 세계보다는 사물들의 세계, 순수한 수단으
로서의 사물들을 구성하는 거대한 배제의 몸짓이다.
또한 정확히 말하자면, 그것은 상품으로서의 사물이
다. 크레나키가 상기시키듯, 코페나와의 야노마미인
들은 백인을 '상품인'이라는 종족명으로 지칭한다. 이
들은 사물을 따라 자신을 **정의**하는 사람들, 자신의 수
단을 목적으로 변형하는 사람들이다.

**

그런데 왜 이러한 질문들을 던지는가? 이 물음의 답

은 물론 책의 제목에 있다―'세계의 종말'을 늦추기 위해서. 종말은 우리와 멀지 않은 시간의 지평 위에 그 윤곽을 드러내고 있다. 늦춰져야만 하는 이 종말은 인류에 관한 특정한 생각 하나가 파탄에 이르렀음을 드러낸다. 그 생각 또는 기획은 세계의 형이상학적 가치 하락을 자신의 고유한 가능 조건으로 삼기 위해, 자신의 전달자들을 물리적 파괴의 대리자들로 변형했다(그들은 자신의 세계, 그리고 다른 종들의 셀 수 없이 많은 세계들을 파괴한다). 인류에 관한 그 생각은 인간과 지구 위 다른 존재자들 사이의 완전히 근본적인 구별에 의존하는 동시에 그런 구별을 항상 거부했던 사람들을 하위 인류로 분류하면서 '문화의 도시' 주변부로, 아득히 먼 곳으로 추방한다. 그곳에 간 인간은 '자연'이라는 **어두운 밀림** 속에서 길을 잃게 될 것이다.

　이제 모든 가능한 인간 세계의 기원이자 조건인 '가이아-대지'와 분리되지 않는 삶의 형식들로 되돌아 가보자. 이런 삶의 형식들이 근거를 두는 것은 '인류'에 관한 다른 생각들, 종말을 늦추는 것이 어떻게 **가능**한지에 관한 다른 생각들이다. 지배적인 삶의 형식은 **자신이** '인류'라고 보는 것의 세계에 대지를 강제로 끼워 맞출 수 있다고 믿으면서, 종말을 앞당기는 데 몰두하고 있다. 세계의 종말을 늦추는 것은 필요하다. 우리가 이미 알고 있다시피 세계의 **다른** 종말이 가능하기 때문이다. 예컨대, 현 세계를 부정함으로써 생겨나는 **다른 세계**의 종말—현 세계의 폐허 위에서 우리가 구축할 수 있을 거라고 상상하는 더 나은 세계의 종말이다.

따라서 우리는 옛 인간의 생존자들이라고 배워왔던 사람들(자신들의 원래 세계가 폐허로 변한 곳에서 지금까지 '하위 인류로 살아남기'[2]를 강요당한 사람들)에게서 우리가 맞이하게 될 미래의 이미지를 예상치 못한 방식으로 발견한다. 바로 여기서 '생존'이라는 개념은 갑자기 전혀 다른 **인류학적** 의미, 에드워드 타일러Edward Tylor의 생존 개념과 대척점에 있는 의미를 부여받는다. 크레나키는 이렇게 말한다. "우리 원주민은 지난 5세기 동안 서구의 살인적 인류주의humanism에 저항해왔다. 이제 우리가 걱정하는 것은 바로 당신들, 백인들

---

[2] 여기서 '하위 인류로 살아남기'로 옮긴 말은 'sub-vive'다. 'survive'에서 '상위'라는 의미를 지닌 접두사 'sur'가 '하위'를 의미하는 'sub'로 대체된 것이다.—옮긴이

이다. 당신들은 과연 앞으로 닥쳐올 일들에 저항할 수 있을까!" 여기서 크레나키는 특히 끔찍한 생태살해적·종족살해적ethnocide 정부의 집권이라는 위협이 구체화된 이후의 브라질에 관해 이야기한다. 하지만 물론 그의 냉소적 우려는 자칭 '문명 세계' 전체의 상황에 적용된다. 그 '문명 세계'는 파시즘의 **재등장**과 전지구적 차원의 생태학적 재앙이라는 이중의 위협을 받고 있다.

('인류세'라는 지질역사학적 개념에 따라 이해된) '세계의 종말'은 멀지 않은 시간의 지평 위에 출현하고 있다. 서구의 인류 관념과 이러한 종말 사이의 관계는 최종적으로 내재성과 초월성 사이의 존재론적 분리를 참조한다. 초월성은 '축의 시대Axial Age'라고 이름 붙여진 '초월론적 돌파'와 함께 시작되었다.[3] 그러한 분리는 '축'을 구성한 인간 집단들 사이에서 일단 수립되고 나면, 내재성의 인간 집단을 정복하고 말살하는 전쟁을 통해 표면화된다—'토착 신앙인'에 대한 교리 교육부터 마녀 사냥까지, 식민주의부터 세계화까지. 공격적인 동시에 부서지기 쉬운 초월성의 제국은 자신의 보편적 주권을 수립하기 위해 결코 주저하지 않고

종족살해와 생태살해에 의존해왔다.

크레나키에게 세계의 종말을 늦춘다는 것은 최후의 전투를 연기한다는 것을 의미한다. 그것은 브뤼노 라투르Bruno Latour가 '인간'이라고 불렀던 이들(초월성의 제국에 속한 거만한 노예들)과 '대지인'이라고 불렀던 이들 사이의 전투를 가리킨다.[4] 대지인이란 인간과 비인간 모두가 인간 집단으로서 무리 지어 있는 것이며, 이들의 기본적인 존재 방식은 저항이라는 형식을 따른다. 초월성의 무리로부터 빌려온 용어를 사용하자

---

[3] '축의 시대'라는 논쟁적이지만 유용한 개념은 카를 야스퍼스Karl Jaspers가 제안했고, 그 후 슈무엘 아이젠슈타트Shmuel Eisenstadt, 로버트 N. 벨라Robert N. Bellah, 마르셀 고셰Marcel Gauchet를 비롯한 수많은 이들이 재사용한 바 있다. 이 개념은 기원전 8세기에서 3세기까지 유라시아의 여러 사회에서 동시적으로 일어났던 지적 '변동'을 지칭한다. 이 변동에서 유대교의 선지자주의, 그리스 철학, 인도 불교 등이 태어났다. 앨런 스트래선Alan Strathern의 다음 연구를 참고하라. *Unearthly Powers: Religious and Political Change in World History*, Cambridge University Press, 2019.

[4] 브뤼노 라투르의 《가이아를 마주하기: 새로운 기후 체제에 관한 여덟 번의 콘퍼런스》의 첫 번째와 일곱 번째 콘퍼런스에 나오는 개념 대립을 말한다. 그는 '인간human'이라는 말을 '대지인'(지구에 묶여 있는 자earthbound)이라는 말로 대체할 것을 제안한다. *Face à Gaïa: Huit conférences sur le Nouveau Régime Climatique*, La Découverte, 2015(영어판: *Facing Gaia: Eight Lectures on the New Climatic Regime*, Catherine Porter tr., Polity, 2017). ─옮긴이

86

면, 이들은 사막의 전진과 "멸망하게 할 가증스러운 것"의 강림에 맞서 장벽의 기능, **카테콘**katechon의 기능을 수행한다.[5] 불행하게도 '가증스러운 것'은 기술자본주의적 문명이 풀어놓은 재앙의 특징에 너무나 적절히 들어맞는 말이다.

우리가 알고 있듯, **세계의 종말**(생명, 행성, 태양계 등의 종말)은 피할 수 없다. 레비-스트로스의 유명한 문장을 인용하자면, "세계는 인간 없이 시작되었고, 인간 없이 끝날 것이다"[6]. 남은 질문은 우리가 우리 세계의 종말, 즉 종으로서 우리 자신의 종말을 늦추기에 충분한 상상력과 힘을 가지게 될 것인지다. '우리' 문명, 즉 내재성과 초월성의 분리 위에 건설된 문명의 마지막 날이 다가오고 있기 때문이다. 지금 모든 것이 이 사실을 지시하고 있다. 우리가 새로운 축의 시대로 넘어가는 문턱에 있지는 않은지, 누가 알겠는가?

---

5 "멸망하게 할 가증스러운 것Abomination of desolation"은 성경에 등장하는 표현으로, 가장 불경한 신성 모독을 말한다. 카테콘 역시 성경에서 비롯한 개념으로, 종말의 날에 등장할 적그리스도를 억제하고 막는 힘을 의미한다.—옮긴이

6 Claude Lévi-Strauss, *Tristes Tropiques, dans Œuvres*, Gallimard, 2008, p. 443.

세계의 종말,
그것은 백인들이다

장-크리스토프 고다르

브라질 밀림의 원주민 투쟁을 이끌어온 주요 리더 중 한 명인 아이우통 크레나키가 브라질리아대학의 전화를 받은 것은 자신의 텃밭을 가꾸고 있을 때였다. 대학 관계자는 그에게 참여할 콘퍼런스에서 어떤 제목으로 발표할지 알려달라고 부탁했고, 그때 그가 말해준 것이 바로 〈세계의 종말을 늦추기 위한 생각들〉이었다. 인류학자 브뤼스 알베르Bruce Albert와 함께 《하늘의 추락》이라는 '환상적'인 저작을 쓴 야노마미의 샤먼 다비 코페나와 역시 자주 텃밭에서 일하곤 했다.' 코페나와는 상황이 악화되고 있을 때마다 텃밭을 일구러 갔다. 상황은 더 악화되고 있다.

여기서 '악'이라는 것은 앙토냉 아르토Antonin Artaud
가 '백색의 악'이라 불렀던 것이다. 그는 멕시코의 타
라우마라Tarahumara 원주민 사회로 들어가기 전에 유럽
인들의 면전을 향해 백색의 악을 이렇게 묘사한 적이
있다. "건강한 자들bien-portants"만을 태운 배가 섬에 도
달하고, 그 섬에 없던 질병들을 옮겨온다.[2] 그것은 "우
리 유럽 나라들의 전문 분야"인 "대상포진, 인플루엔
자, 독감, 류머티즘, 부비동염, 다발성신경병증 등"이
다.[3] 아브야 얄라Abya Yala[4]라는 섬-대륙이 도둑맞은 지
난 5세기의 역사에 걸쳐 생명, 광물, 식물, 동물을 채

[1]   이 책을 '환상적' 저작이라고 부른 것은 아이우통 크레나키다. 이
책 36쪽을 참고하라.—옮긴이
[2]   프랑스의 극작가 앙토냉 아르토에게서 빌려온 '건강한 자들'이라
는 표현은 서구인을 지칭하는 반어적인 표현이다. 이들은 자신은 건강
하지만, 가는 곳마다 질병을 옮겨놓는다. 이 글에서는 서구인을 '건강한
자들' 또는 '백인들'로 지칭한다.—옮긴이
[3]   아르토가 유럽 문명을 비판하기 위해 쓴 문장이다. 그는 사유와 행
동을 분리하는 유럽인들에게는 문화가 없다고 선언하고, 유럽인들이
야말로 질병을 옮기는 냄새 나는 존재라고 비난한 뒤, 유럽 백인들이
내뿜는 악취를 '백색의 악'이라 부른다. Antonin Artaud, "Le Théâtre
et son double"(1935), Œuvres, Gallimard, 2004, pp. 506-507. 아르
토는 1936년에 멕시코 북부로 떠나 타라우마라인들과 함께 지내다가
1937년에 다시 프랑스로 돌아왔다.—옮긴이

굴해왔던 모든 자본주의 기계를 이 질병 목록에 추가해야 한다. 이 기계는 식민적 공간을 통해 저항 불가능한 방식으로 작동하며, 숨 막히게 하는 전염성의 연기, 즉 유럽의 권력자들과 금 약탈자들이 발명한 죽음 혹은 비존재의 모든 형태로 대지(지구)를 두텁게 뒤덮었다. 그 죽음의 형태란 지지 크리크리^{Jiji Cricri}[5]에 대한 숭배, '네이션-국가'와 그것의 화폐, '법', 대학의 호화로운 '과학'과 '철학', 강제노동, 먹고 입는 것의 의존, 의료와 교육의 의존, 말살을 위한 전쟁, 여성의 성매매, 알코올, 넘쳐나는 물건들이다.

(의심의 여지 없이 유럽에서 먼저 시작된) 백색의 악이 퍼져버린 모든 곳에서, 모든 것은 마침내 백색의 악에 적응하고 면역을 갖게 된다. 백색의 악은 인간의 무시무시한 퇴화를 통해 신봉자를 모은다. 그것은 어마어마한 자원의 파괴를 대가로 삼아 상품화된 세계를 상

---

4 '아브야 얄라'는 쿠나Kuna 언어로 '완전히 성숙한 땅'을 의미한다. 1970년대 이후 오늘날까지 라틴아메리카 원주민운동에서 광범위하게 받아들여지고 있는 용어다.

5 '지지 크리크리'는 아르토가 예수의 이름인 'Jésus-Christ'를 변형시킨 것이다. Antonin Artaud, "La culture indienne" (1946), *Œuvres*, p. 1150. ─옮긴이

자째 구입하지 않고서는, 세계를 확장하지 못하는 근원적인 무력함을 가지고 있다. 백색의 악에 대한 면역은 물건과 생각의 소비자인 우리 각각을 국가자본주의의 병원체를 옮기는 끔찍한 무증상 매개체로 바꾼다. 그리고 자신은 무증상이므로 무해하다는 이 확신은 대부분 수백만의 죽음을 반복하는 것으로 이어진다. 아르토는 그러한 확신이 유럽에는 '문화'가 결여되어 있음을 보여준다고 비난한다. 아주 오랫동안 도시의 오물 구덩이 속에서만 살아온, 그리고 거기서 자신들이 응축한 죽음의 질병들로부터 살아남은 '건강한 자들', 즉 '백인' 식민 지배자들이 갖는 특징이 바로 그러한 확신이다.[6]

지난 5세기 동안 원주민이 우리 서구인과 접촉해 왔던 지점에 서보지 않고서는 크레나키가 '백인들'에게 보내는 작은 책에 담긴 폭넓은 사유와 메시지를 이해할 수 없을 것이다(그는 자신에게 질문하기 위해 텃밭으로 찾아온 '건강하고' 우호적인 대학 관계자들의 중재를 통해 그

---

[6] 여기서 '백인들Blancs'이란 피부색으로 구별된 인간 집단을 의미하는 것이 아니라, 아마존 원주민이 서구인을 지칭하는 말이다. —옮긴이

책을 쓸 수 있었다). '인디오들'이 수많은 브라질인, 또한 수많은 유럽-서구인의 상상력을 풍부하게 만들어온 것은 사실이다. 하지만 유럽-서구인의 근대가 가지고 있는 경제적·정치적·형이상학적 특성들 거의 전부가 '야생적' 인간들의 존재 방식에 대한 이론적 픽션에 기초하고 있다는 것도 사실이다.

그 픽션은 대부분 인종차별적이고, 가끔은 지나칠 정도로 과도한 찬사에 빠져 있다. '건강한 자들'의 세계에서 팬데믹이 진행 중인 지금, 프랑스 언론은 아메리카 인디오들이 비인간과 맺는 관계 방식에서 영감을 받은 사회적·정치적 혁명의 희망을 부풀리고 있다. 마치 우리 서구인의 고유한 삶의 방식에 도래할 역사적 혁명 또는 변형의 가능성이 인디오의 사례에서 발견될 것처럼, 그리고 그 가능성 덕분에 서구인이 최후의 깨달음을 얻고 임박한 재앙을 회피할 수 있을 것처럼 말이다. 이는 서구인을 특징짓는 '세계의 부재'가 인디오의 세계에 난입할 때의 효과와 의미를 무시하는 또 다른 방법이다.

더 일반적으로는 인디오의 세계뿐 아니라 하나의 세계가 존재하는 모든 곳에, 즉 존재자들의 공동체들,

그리고 종차별 없이 종별화되고, 성차별 없이 성별화되며, 인종차별 없이 자기 집단으로 분류된 인격들로 이루어진 공동체들의 공동체가 존재하는 모든 곳에 그러한 '세계의 부재'가 난입한다. 크레나키가 말하는 것은 세계의 종말을 피하는 방법이 아니며, 심지어 미루는 방법도 아니다. 그의 관점에서 세계의 종말이란 지금 '백인들'이 생각하고 있는 식의 종말을 가리키지 않는다. 즉 값비싼 방식으로 대지(지구)에 거주해서(혹은 거주하지 않아서)[7] 발생하는 파국 같은 것이 아니다. 지금 '백인들'은 자신들이 잠재적 종말을 앞두고 있다고 생각하며, 꽤 먼 훗날에 일어날 파국에 대해 전망한다. 그리고 어떤 '인디오'의 도움을 받아 회개한다면, 자신들이 예상하고 있는 종말을 쫓아버릴 수도 있으리라 믿는다.

그러나 크레나키가 말하는 세계의 종말, 그것은 '백인들'이다. 데보라 다노브스키와 비베이루스 지 카스트루가 〈세계의 멈춤〉이라는 글에서 단호하게 지

---

[7]   여기서 '대지(지구)'로 옮긴 프랑스어는 'terre'다. 이 단어는 지구, 땅, 대지, 흙을 모두 의미한다. 원주민의 관점에서 서구인은 대지와 분리되어 살아가는 이들이다.—옮긴이

적했듯,[8] 세계의 종말은 1492년 10월의 어느 밤 회복할 수 없는 방식으로 이미 일어났고, 그날부터 지금까지 계속해서 일어나고 있다. 즉 지금의 세계를 정의하는 것이 바로 세계의 종말이다. '백인들'과의 전쟁은 오래전부터 패배하고 있다. 크레나키 원주민들이 패배한 이래로 크레나키는 자신의 **생각들**을 써왔고, 이러한 패배는 우리 서구인에게 승리를 안겨주었다. 서구인은 자본주의에 의해 사회화되고, 네이션-국가에 자리를 잡고, 물질적 재화와 생각을 소비하며, 이런 삶의 방식이 즐거움을 주든 말든 그럭저럭 살아간다. 우리 서구인이 곧 세계의 종말이며, 우리는 결코 이 사실에서 벗어날 수 없다.

아메리카 인디오의 '집단적 주체들'이 가진 시 예술과 창조성, 그들이 자신을 둘러싸고 있는 모든 것과 맺고 있는 강렬하고 감각적인 관계성, 대지(지구)와 소통하기 위한 수단으로 사용하는 꿈의 기술(〈세계의 멈춤〉에 등장하는 멋진 표현을 빌리자면, "국가에 맞서는 꿈

8   Deborah Danowski & Eduardo Viveiros de Castro, "L'arrêt de monde", *De l'Univers clos au monde infini*, Émilie Hache éd., Dehors, 2014.

의 정치") 등 크레나키가 세계의 종말을 늦추기 위한 **생각들**로 제안하는 모든 것은 그 어떤 '종족의 전통문화'(이 세 단어 모두 유럽-서구의 식민적 인류학에 만들어낸 것이다)에도 소속되어 있지 않다. 그 대신 그것들은 우주살해cosmocide에 맞서는 '의식적인 저항 전략'에 속한다. 이 전략은 백색의 악을 접촉한 집단에 의해 채택되어 구체적 상황에 맞게 실천되는 것이며, 세계의 종말이라는 지금의 상태에서도 여전히 살아 있음의 기쁨을 겪을 수 있는 모든 이들이 그 전략 전체를 공유하고 수정할 수 있다. 왜냐면 크레나키의 **생각들**은 대학 강의실에서 다뤄질 만한 것이 아니고, 가능한 다른 세계를 상상하는 일을 잘못 이해하는 정치인들을 위한 것도 아니기 때문이다. 그 정치인들은 다른 이들(예컨대 우리의 '자매' 바위들)을 배제하는 '인류 클럽' 회원 간의 사회적 관계를 재조직하는 것, 혹은 '야생'의 공간을 성역화하는 방식으로 자연 자원의 착취를 규제하는 것을 가능한 다른 세계에 대한 상상으로 혼동한다(야생의 공간을 꿈꿀 수 있는 인간 집단은 그렇게 성역화된 공간에서 반드시 배제된다). 이는 인류로부터 비인간을 배제하고, 비인간으로부터 인류를 배제하는 이중의 배제다.

크레나키의 **생각들**은 하나의 초대장, 즉 2015년 6000만 톤의 유독성 물질로 오염되었던 도시강이 혼수상태에 빠져 있다는, 따라서 아직 **살아 있다**는 생각을 진지하게 할 수 있는(다시 말해, 노래할 수 있는) 모든 이에게 보내는 초대장이다. 이들은 콩고공화국 출신의 인류학자이자 철학인인 파트리스 옝고Patrice Yengo가 말한 '살아 있음vivantité'을 가질 수 있는 사람들이기도 하다.[9] 즉 살아 있는 존재로서의 자기 자신을 살아 있는 모든 것과 긴밀하게 연결할 수 있는 사람들, 살아 있는 것들의 세계를 생산하지 않고서는 자기 자신을 살아 있는 것으로 생산하지 못하는 사람들이다. 무엇보다 전 지구적 국가자본주의가 가진 죽음의 힘이 세계를 황폐하게 만들고 있는 상황에서도 죽음 대신 살아 있음을 가질 수 있는 이들이다. 이는 살아 있는 것을 죽이는 죽음을 거부하는 것, 살아 있는 것을 비존재로 몰아넣을 수 있다는 기괴한 거만함을 가진 백색의 죽음을 거부하는 것이다. 그리고 옝고가 소니 라부

---

9   Patrice Yengo, "Vivre et penser avec des masques. Exercices de 'vivantité' par temps de Covid-19", http://covid-19-cameroon. org/vivre-et-penser-avec-des-masques.

탕시_{Sony Labou Tansi}의 표현을 빌려 말하듯, **죽었지만 살아 있기**(혹은 **살아 있으면서 죽기**mourir vivant)로 결정하는 것이다.[10] 바로 여기에 '세계의 종말을 늦춘다'는 것의 의미가 있다. 즉 누군가 당신을 죽인 후에도 살아 있는 것으로 남아서 죽음을 늦춘다는 것, 가차 없이 닥쳐오는 죽음에 저항하는 것, 죽음 안에서 다시 존재하는 것을 의미한다. 이는 '건강한 자들'이 의도한 상태, 즉 살아 있는 죽은 자들의 상태와 정확히 반대되는 것이다. 그들은 자신이 침략한 섬들의 사람들에게 그런 상태를 운명으로 부과했다.

크레나키가 상기시키듯, 원주민 집단들은 이러한 죽음, 즉 죽음을 위한 죽음을 거부하는 선택을 하고 있다. "아직도 수백 개의 토착민 집단이 분명히 살아 있다. 그들은 역사를 들려주고, 노래하고, 여행하고, 우리에게 말하고, 우리가 이 인류로부터 배워야 할 것 이상을 우리에게 가르쳐준다. 그 인류는 따로 떨어져 있는 어떤 것, 세계에서 가장 흥미로운 것이 아니라,

---

10   소니 라부 탕시(1947~1995)는 콩고공화국과 콩고민주공화국에서 활동한 작가다. ―옮긴이

전체의 일부를 구성하고 있는 것이다."(41~42쪽) 이런 이유로 《세계의 종말을 늦추기 위한 생각들》은 '백인들'에게 도움을 청하지 않는다. 백인들은 자신을 (의학적 관점에서는 물론 도덕적이고 정치적 관점에서도) '건강한 자들'로 고려하는 성향이 있고, 따라서 원주민 집단을 향해 자연스레 동정을 표현하는 경향이 있지만, 다른 한편에서는 최소한의 부끄러움도 없이 그들의 존엄성을 약탈한다. 비베이루스 지 카스트루가 부여한 넓은 의미에 따르면," 브라질에서 '원주민 집단들'이란 인디오, 흑인, LGBT, 여성 등 '땅에 내재적'이고, 대지를 신체로 삼은 채 외계에서 온 초월적 권위에 예속되는 것에 저항하는 모든 이를 일컫는다.

11　비베이루스 지 카스트루는 〈조국의 비자발적인 자들〉이라는 텍스트에서 'indio'와 'indígena'를 구별한다(각각 영어 'indian, indigenous', 프랑스어 'indien, indigène'에 대응하고, 여기서는 '인디오'와 '원주민'으로 옮겼다). 그는 전자를 후자의 축약어 정도로 이해하는 사람이 많지만 둘은 전혀 다른 개념이라고 지적한다. 잘 알려져 있듯, 유럽인이 아메리카를 인도로 착각해 만들어진 말이 인디오indio인 반면, 원주민indígena은 어원상 '자신의 고유한 땅에서 태어난 자', '자신이 살고 있는 땅에서 유래한 자'를 의미한다(따라서 'indígena'를 '토착민'으로 번역할 수도 있다). 브라질에서 인디오의 반대말로 사용되는 것은 '백인branco'이고, 원주민의 반대말은 '외래인/외계인alienígena'(프랑스어 'aliénigène', 영어 'alien')이다. ─옮긴이

이들은 백인들이 재미있게도 '비일관성'이라고 부른 불복종을 통해 이러한 귀중한 일관성을 길러나간다.[12] 크레나키가 걱정하는 것은 오히려 '백인들'이다. "그들은 이 난관에서 벗어나기 위해 어떻게 할까요?"(42쪽) 백인들의 승리는 그들 자신으로부터 그들 자신을 효과적으로 보호하길 멈췄기 때문이다. 또한 대지를 먹어 치우려는 그들의 고유한 탐욕이 어떤 효과를 만드는지 그들 자신도 느끼기 시작했다. 이제 그들도 세계가 처한 끔찍한 상태를 의식하게 되었다. 그들은 자신이 백인이라는 것을 신경 쓰지 않을 만큼 충분히 자유로울 수 있는가? 그리고 그들 자신과 다른 것을 꿈꿀 수 있는 법을 배울 수 있는가? 이렇게 하면서, 《세계의 종말을 늦추기 위한 생각들》의 마지막 문장이 말하듯 '더 잘 추락하기 위한 행복한 방법'을 찾을 수 있는가?

---

[12] 비베이루스 지 카스트루의 책 제목 《야생적 영혼의 비일관성A inconstância da alma selvagem》을 참조한 것이다. 한국어판은 《인디오의 변덕스러운 혼》이라는 제목으로 출간되었다(존재론의자루 옮김, 포도밭출판사, 2022). ─옮긴이

100

기후재앙에 직면한
인류의 무능함을 어떻게 이해할 것인가?

공포 전략의 실패

모두가 기후위기를 말한다. 국제사회는 온실가스 감축을 긴급 의제로 다루고, 각 국가의 정치 지도자는 새로운 탄소 중립 정책을 홍보한다. 언론은 화석연료에서 탈출하기 위한 다양한 기술 혁신을 보도한다. 기후위기에 관한 책도 적지 않게 팔린다. 이런 광경을 보고 있으면, 인류가 미래의 재앙을 회피하기 위해 거대한 노력을 기울이고 있는 것처럼 보인다. 하지만 이는 착시일 뿐이다. 떠도는 말만 많을 뿐, 실질적인 행동과 변화는 여전히 미미하다. 전 세계 인간 대부분이 원래 살던 방식대로 살고 있다. 코로나19 팬데믹이 끝

101

나자마자 탄소 배출량도 다시 증가세로 돌아섰다.[1]

그사이 재앙은 더 가까워지고 있다. 2016년 파리 협정Paris Agreement의 첫 번째 목표는 '산업화 전 수준 대비 지구 평균 기온 상승을 2°C보다 현저히 낮은 수준으로 유지하는 것'이었고, 두 번째 목표는 '지구 평균 기온 상승을 1.5°C로 제한하기 위한 노력'을 추구하는 것이었다.[2] 1.5°C는 미래의 재앙을 막기 위한 마지노선이다. 그러나 2023년 IPCC(기후변화에 관한 정부 간 협의체) 6차 평가보고서의 전망은 암울하다. 2040년 이전에 1.5°C 상승 폭을 돌파할 가능성이 매우 높다는 것이다. 물론, 희망이 전혀 없는 것은 아니다. 만일 인류가 온실가스 감축에 극적으로 성공하면, 2100년경에 다시 1.5°C 이하로 돌아올 가능성도 있다.[3] 하지만 이는 암울한 희망이다. 1.5°C를 돌파하는 순간 지구는

---

[1]   이 글을 마무리할 즈음, 두바이에서 열린 2023년 COP28Conference of the Parties of the UNFCCC의 합의문이 나왔다. 다수의 국가가 주장한 '화석연료의 단계적 퇴출phase out of fossil fuels'이라는 문구는 결국 합의되지 못했고, 결국 '화석연료에서 벗어나는 이행transition away from fossil fuels'이 채택되었다. 이는 국제사회의 무능함을 다시 한번 확인시켜준 사건이다. 인류는 이미 기후재앙을 결정된 미래로 받아들이고 있지 않은가?

[2]   다자조약, 제2315호, 2016. 11. 10(발효일 2016. 12. 3) 제2조.

회복 불가능한 피해를 보게 될 것이다. 이제 재앙을 회피하는 것은 불가능해 보인다. 재앙의 수준을 완화하는 것이 가능한 최선이며, 이 역시 지금까지와 전혀 다른 수준의 행동이 동반될 때만 가능하다.

역설적이지만, 이제 이런 이야기는 식상하다. 기후위기에 관한 논의는 대부분 재앙에 대한 경고와 행동하지 않는 인간에 대한 한탄으로 끝난다. 그런 한탄이 바꾸는 것은 별로 없고, 얼마 지나지 않아 또 다른 한탄이 나올 뿐이다. 이 글에서는 이런 패턴을 반복하는 대신 질문을 바꿔보고자 한다. 미래의 재앙을 어떻게 회피할 것인지 묻기 전에, **어떻게 인류가 이토록 무**

---

3   Climate Change 2023 Synthesis Report: Summary for Policymakers, Contribution of Working Groups I, II and III to the Sixth Assessment Report of the Intergovernmental Panel on Climate Change, Core Writing Team(Hoesung Lee & José Romero) eds., IPCC, Geneva, Switzerland, https://www.ipcc.ch/report/ar6/syr/downloads/report/IPCC_AR6_SYR_SPM.pdf. 6차 평가보고서 승인 당시 IPCC 의장을 맡고 있던 이회성은 가까운 미래에 1.5°C를 넘었다가 2100년경에 그 이하로 내려오는 오버슛overshoot이 불가피하다고 말한다. 물론 이는 온실가스 배출을 급격히 줄였을 때 가능한 경로이며, 1.5°C를 넘어서는 기간 동안 지구는 회복 불가능한 피해를 입는다. 오말리, 〈이회성 IPCC 의장이 말한 '6차 종합보고서(AR6)' 핵심은?〉, 《그리니엄greenium》, 2023. 4. 13.

능할 수 있는지 생각해봐야 한다. 파국이 눈앞에 뻔히 보이는데도 어떻게 변화를 거부할 수 있는가? 이런 무관심과 무감각은 도대체 어떻게 가능한가?

기후재앙의 원인이 인간에게 있다는 말의 의미는 이중적이다. 대기 중 탄소 농도를 높인 것은 인간이고, 그것이 초래할 재앙을 방관하는 것도 인간이다. 지금의 위기는 기후의 위기이자 인간의 위기이며, 자연의 위기이자 정치의 위기이다. 지구 온도 상승이 어떤 재앙을 가져올 것인지에만 집중할 것이 아니라, 위기에 대한 현재 인류의 반응을 진지하게 돌아봐야 한다. 여기서 한 가지 확실한 사실을 발견할 수 있다. **재앙에 대한 경고가 일반적 공포를 형성하는 데 실패하고 있다는 것**이다. 과학자들이 미래의 재앙을 경고하면, 미디어는 이를 공포로 번역하고, 대중은 잠시 두려움에 사로잡혔다가 얼마 지나지 않아 잊어버린다. 새로운 과학적 예측이 발표될 때마다 경고-공포-망각의 패턴이 반복된다. 미래의 재난에 대한 예측이 공포를 불러일으켰다면, 재난 회피를 위한 행동에 돌입하는 것이 '합리적' 반응이겠지만, 다수는 행동 대신 망각을 선택하고 있다. 결국 위기에 무감각한 다수,

혹은 위기를 감각하기만 할 뿐 하나의 정치적 의지로 결집하지 못하는 다수를 사이에 둔 채, 과학자와 기후변화 부정론자climate change denialist가 논쟁을 벌이고, 생태주의자와 반생태주의적 정치인이 격돌한다. 다수의 무대응이 견고할수록 생태주의자들의 저항은 더 격렬해진다.[4]

지금까지 기후 과학자와 생태주의자들이 선택했던 전략은 거의 예외 없이 하나로 수렴한다. 온실가스 증가가 미래에 얼마나 끔찍한 결과를 만들어낼지 경고하면서 공포심을 자극하는 것이다. 이런 전략을 선택하는 것은 당연한 일이다. 미래에 대한 예측이 위기 대응으로 이어지려면, 두려움이라는 감정적 매개가 반드시 개입되어야 하기 때문이다.[5] 두려움 없이 미래

---

[4] 여기서 '생태주의자'는 프랑스의 용어법을 따른 표현이다. 흔히 영어권에서는 '환경주의environmentalism', '환경주의자environmentalist' 등의 개념을 사용하지만, 프랑스에서는 '정치적 생태주의écologie politique', '생태주의자écologiste'라는 표현을 주로 쓴다.

[5] 한스 요나스가 《책임 원칙Das Prinzip Verantwortung》(1979)에서 말하는 '두려움의 발견법the heuristics of fear'을 참고하라. 여기서는 영어판의 쪽수를 표기한다. Hans Jonas, *The Imperative of Responsibility: In Search of Ethics for the Technological Age*, tr. Hans Jonas & David Herr, University of Chicago Press, 1984, pp. 26-27.

의 재앙을 지각하고 행동하는 것은 불가능하다. 그런데 놀랍게도 지금의 생태학적 위기에는 이런 전략이 통하지 않는다. 공포의 정도가 덜하기 때문일까? 그렇지는 않을 것이다. 기후 과학자들은 이미 최악의 시나리오까지 예측하고 있으며, 그것이 주는 두려움은 더할 나위 없이 강렬하기 때문이다. 지금의 인류가 보여주고 있는 무능함의 기원을 다른 곳에서 찾을 필요가 있다.

인류는 왜 기후위기에 대응하지 못하는가

인류가 이토록 무능한 이유를 우리는 다양한 차원에서 찾을 수 있다. 그중 가장 눈에 띄는 것은 기존의 국제정치체제가 인류 공통의 문제를 다루기에 적합하지 않다는 점이다. 근대 정치는 대지를 영토로 분할하고, 국경선을 따라 분리된 인간 집단이 국가를 중심으로 공동체를 구성하고 있는 상태, 즉 네이션-국가를 정치의 기본 단위로 만들었다.[6] 네이션-국가가 재앙을 회피하고 공동체의 안전을 유지하는 대표적인 수단은 국가권력이고, 이는 대부분 강제와 통제를 동반한다. 국제사회(국제 공동체international communities)는 이런 식으로 작동하지 않는다. 개별 국가들을 강제하는 초국가적 권력이 있는 것도 아니고, 세계 정부의 등장은 픽션 속에 나오는 유토피아적이거나 디스토피아적인 사건으로 상상될 뿐이다. 한때는 전 지구적 자본주의를 관리하는 '제국'의 등장을 경고하는 목소리가 있었고,[7] 지금도 헤게모니 국가를 중심으로 한 초국가적 블록이 국제 질서를 지배하지만, 인류 공통의 재앙에 대응하는 국제적 수준의 강제력은 존재하지 않는다 (설사 이런 강제력이 먼 훗날 등장한다고 하더라도, 그것이 과연 인류의 보편적 이익을 위해 작동할지는 불확실하다).

오늘날의 국제 질서는 여러 수준으로 구성되어 있

---

[6] 'nation-state'는 흔히 '국민국가', '민족국가' 등으로 번역되지만, 'nation'의 본래 의미를 살리기 위해 영어 발음으로 표기했다.

[7] 안토니오 네그리Antonio Negri와 마이클 하트Michael Hardt의《제국 Empire》(2000) 1부와 2부를 참고하라. 물론 테러리즘이 서구사회를 휩쓸고, 중국이 미국과 경쟁하고, 트럼프가 미국 대통령에 당선되고, 팬데믹이 국가 간 이동을 제한하고, 러시아가 전쟁을 일으키는 등 지난 20여 년간 일어난 사건을 고려한다면, 이 책의 상당 부분은 재검토되어야 할 것이다. 안토니오 네그리·마이클 하트,《제국》, 윤수종 옮김, 이학사, 2001.

지만, 가장 기본적인 것은 UN이라는 형태로 물질화되어 있는 국제 법체계다. 기후위기에 대한 국제사회의 대응 역시 'UN 기후변화협약UNFCCC'이라는 틀 안에서 논의되고 실행된다. 앞서 지적했듯, 이 틀은 개별 국가의 이해관계를 뛰어넘는 공동행동을 조직하는 데 실패했다. 물론 이것이 예외적인 실패는 아니다. 지금도 전 세계에서 전쟁이 벌어지고, 식민주의적 폭력과 착취가 지속되며, 수많은 난민이 국경에서 죽어가지만 국제사회가 성공적으로 대응한 적은 별로 없다. 민주주의에 대한 정통 담론은 국가의 존재 이유를 인간의 보편적 해방에서 찾지만, 개별 국가는 비시민의 해방보다 자국 시민의 해방에 더 큰 가치를 부여하고, 때로는 다른 국가를 수단으로 삼아 자국의 이익을 추구한다.

네이션-국가의 이러한 이중적 본성은 기후위기 대응에서도 드러난다. 위기를 둘러싼 국제적·국내적 이해관계가 극도로 복잡한 조건에서, 개별 국가는 인류 전체의 생존과 자국의 이익 사이에서 끊임없이 흔들린다. 특히 자원과 권력을 가진 나라들이 문제다. 이들은 역사적으로 가장 많은 온실가스를 배출한 곳인 동시에 자신을 향한 재앙의 피해를 가장 늦출 수 있는 나라이기도 하다. 그래서 위기 대응에 가장 적극적이어야 할 강대국이 가장 소극적으로 반응하는 역설이 나타난다. 그 결과가 바로 1.5°C선 붕괴라는 지금의 절망적 상황이다.

지구 온난화는 전 지구적 재앙이지만, 그것의 효과는 모두에게 똑같이 나타나지 않는다. 이 사실을 전혀 다른 두 가지 방식으로 해석할 수 있다. 재앙을 목전에 앞둔 집단은 '그러므로 기후정의climate justice를 실현해야 한다'고 주장하겠지만, 재앙의 효과를 늦추거나 최소화할 수 있는 집단은 '기후위기는 그들의 문제이고, 우리는 괜찮을 것이다'라고 생각할 수도 있다. 후자의 태도를 노골적으로 드러내는 것이 이른바 '선진국'의 기후변화 부정론자들이고, 이들의 정신을 대변하는 사람이 도널드 트럼프다. 브뤼노 라투르는 그 정신을 이렇게 묘사한다. "우리 미국인들은 당신들과 같은 땅/지구earth에 속하지 않는다. 당신들의 땅은 위험할 수 있겠지만, 우리의 땅은 그렇지 않을 것이다!"[8] 굳이 재앙을 회피하기 위해 노력하는 대신, 화석연료에 의존하는 기존의 삶을 유지하면서 자국 시민이 안전하게 살 방법만 모색하면 된다는 말이다.

과연 이런 태도가 극단적 기후변화 부정론자만의 것일까? 산업화된 북반구 국가에 사는 40대 중산층이 죽기 전에 지구 온난화로 인한 생존의 위협에 직면할 가능성이 얼마나 될까? 클 수도, 작을 수도 있다. 그렇다면 기후위기에 관심을 쏟기보다는 개인적 관심사(안정적 일자리, 자산 축적, 건강 등)와 전통적인 정치의제(고용, 구매력, 사회보장, 국가안보 등)에 몰두하는 게 더 '합리적'이라고 판단할 수 있지 않을까? 기후재앙은 이른바 '후진국'의 문제이지, 우리의 시급한 문제가 아니라는 인식은 한국에도 흔하다.

기후재앙의 효과는 모두에게 평등하지 않고, 재앙을 둘러싼 개별 국가의 이해관계가 복잡하게 얽혀 있으며, 국제적 협력이 효과적이기 어렵다는 사실은 국제정치의 객관적 조건으로 존재한다. 이런 조건은 몇몇 강대국의 힘으로 바꿀 수 있는 것이 아니다(사실, 강대국이 그것을 원하는지도 불분명하다). 결국 1.5°C라는 '비

---

8 Bruno Latour, *Où atterrir?: comment s'orienter en politique*, La Découverte, 2017, p. 12[한국어판: 《지구와 충돌하지 않고 착륙하는 방법: 신기후체제의 정치》, 박범순 옮김, 이음, 2021].

현실적 목표에 집착'하는 것보다 기후재앙이 몰고 올 전 지구적 혼란 상황에서 자국 시민의 안전을 지키는 것이 더 '현실적인 목표'라는 생각이 등장할 수 있다. 지금 강대국들의 움직임을 보면, 이런 생각을 이미 암묵적으로 전제하고 있는 것은 아닌지 의심스럽다. 실제로 부유한 나라들이 전쟁과 군대에 쏟아붓는 비용의 총액이 기후위기 대응 비용의 30배에 달한다는 조사가 있다.[9]

기후재앙이 국제 질서의 불안정을 초래하고 있는 지금, 강대국의 전략은 무엇인가? 기후재앙을 예방하는 것인가, 혹은 재앙 이후의 혼란에 대응하기 위한 힘과 자원을 확보하는 것인가? 이런 맥락에서 트럼프의 국경 장벽 계획은 마치 미래를 예언하는 듯하다. 기후재앙에는 거주 가능 지역의 변화와 식량 생산량 감소, 이로 인한 대규모 난민 발생이 포함된다. 지구 온난화의 주범인 북반구의 산업화된 국가들은 결

9   Mark Akkerman & Deborah Burton & Nick Buxton & Ho-Chih Lin & Muhammed Al-Kashef & Wendela de Vries, "Climate Collateral: How military spending accelerates climate breakdown", The Transnational Institute, November 2022.

국 국경선을 강화하는 방식으로 난민 사태에 대응하게 되지 않을까? 국경선은 내부인에게는 안전의 방어막이지만, 외부인에게는 죽음의 장벽이다. 지금 미국과 멕시코 국경, 지중해에서 벌어지는 난민 참사는 앞으로 벌어질 더 거대한 참사의 작은 시작일지 모른다.

지금까지 지적한 문제를 단순히 '자국 이기주의'라고 부를 수는 없다. 설사 모든 국가의 지도자가 자국의 이익보다 인류 공통의 이익을 우선시한다고 해도 문제가 해결되지는 않기 때문이다. 네이션-국가 체제의 근본적인 한계는 그들이 지역적 차원의 행동으로 전 지구적 재앙에 대응해야 한다는 사실에 있다. 지구 온도 상승은 말 그대로 전 지구적 사건이고, 인류 전체의 문제다. 그런데 온실가스를 배출하거나 감축하는 인간의 활동은 네이션-국가라는 지역 단위 안에서 일어난다. 전 지구적 재앙을 회피하기 위한 정치적 행동을 하는 것은 지구 시민_{kosmopolitēs}이 아니라, 개별 국가에 속하는 시민으로서의 인간이다. 우리는 '지구 시민으로 살아야 한다'라는 의무를 상상할 수 있지만, 현실의 개인이 실질적으로 지구 시민으로서 살아가고 있는 것은 아니다. 기후위기와 관련한 주요 결정이 내려지는 곳은 UN 산하 국제기구와 협의체들이지만, 시민 개인이 기후정치에 참여하는 방법은 국내적 범위의 대의민주주의 제도를 통하는 것 말고는 별로 없다(시민들의 직접적인 국제 연대를 강조하는 목소리도 있지만, 그런 연대가 실질적 영향력을 확보하기는 여전히 어려워 보인다). 개별 국가의 행동을 결정하는 것 역시 해당 국가 내부의 정치 상황이다. 기후위기에 대한 반응은 나라마다 천차만별일 수밖에 없다.

유럽연합 국가 대부분은 탄소 감축을 주요한 정치 의제로 다루고 있다. 기후위기는 가장 첨예한 정치 쟁점 중 하나이고, 탄소 감축에 대한 정당의 태도가 선거 결과에 직접적인 영향을 미친다. 기후변화 부정론자와 생태주의자 모두 하나의 진영을 형성한 채 정치적 목소리를 높이고, 생태학적 위기를 둘러싼 정치적·사회적 갈등이 격렬하게 발생한다. 하지만 생태주의자가 정치적 헤게모니를 행사하는 곳은 여전히 일부에 불과하다. 생태주의가 하나의 정치적 이념으로 작동하고, 그것을 중심으로 하나의 집단 의지가 형성된 나라는 많지 않다. 생태학적 의제를 둘러싼 갈등은 격렬하지만, 생태주의적 목소리가 국가기구를 움직이는 경우도 드물다. 유럽의 기후위기 대응은 다른 지역에 비해 선진적이지만, 재앙을 회피하기에 충분한 정도는 아니다.

미국은 20세기 내내 가장 많은 탄소를 배출하던 나라였다. 현재 미국의 연간 탄소 배출량은 중국에 이어 2위를 기록하고 있지만, 1인당 탄소 배출량은 여전히 중국을 압도한다. 미국이 기후변화 부정론의 근원지라는 것은 꽤 아이러니한 사실이다. 최근 발간된 한 보고서에 따르면, 미국인 전체의 14퍼센트가 기후변화의 명확한 증거가 없다고 생각한다. 기후변화는 인정하지만 그것의 일차적 원인이 인간에게 있다고 보는 경우는 46퍼센트에 불과하고, 나머지 26퍼센트는 자연적 현상을 원인으로 본다. 기후변화를 정치의 우선 과제로 생각하는 미국인은 37퍼센트뿐이다.[10] 영화 〈돈 룩 업〉의 미국 묘사는 결코 과장이 아니다. UN 기후변화협약이 처음 채택된 1992년 리우데자네이루 지구정상회의UNCED에서 미국 대통령 조지 부시는 '미

10 Pew Research Center, "Why Some Americans Do Not See Urgency on Climate Change", August 2023.

국적 삶의 방식은 협상의 대상이 될 수 없다'고 선언한 바 있다. 다가오는 재앙을 외면하고 원래 살던 대로 살겠다는 기후변화 부정론자의 태도를 이토록 명확하게 표현한 말은 없다.

유럽연합 국가들과 미국의 이산화탄소 배출량은 하향세를 그리는 반면, 중국의 배출량은 2000년대 이후 급격하게 증가해 십수 년째 세계 1위를 지키고 있다. 2022년에는 전 세계 배출량의 약 30퍼센트가 중국에서 나왔다. 물론 전 세계인이 '메이드 인 차이나'가 찍힌 상품을 사용하고 있는 시대에 중국만 탓할 수는 없다. '세계의 공장'에서 배출되는 온실가스의 원인은 공장 주인뿐 아니라 소비자에게도 있다. 그렇지만 중국의 탄소 감축 계획을 수립하고 실행하는 것은 중국 정부이고, 국제사회가 직접적으로 개입하기란 불가능하다. 향후 전 세계 온실가스 감축 계획의 성패는 중국공산당에 달려 있다고 해도 과언이 아니다.

한국을 특징짓는 것은 철저한 무관심이다. 이곳에서는 기후위기를 둘러싼 갈등 자체가 발생하지 않는다. 윤석열 정부의 탄소 중립 계획에서 그 어떤 적극성도 발견하기 힘들뿐더러, 탄소 감축은 정치적 쟁점

조차 되지 못한다. 생태주의자가 한국 의회에 진출하는 것은 상상 속에서나 가능한 일이다. 새만금 간척사업이나 4대강 정비사업을 둘러싸고 발생했던 과거의 갈등을 떠올려보면, 생태학적 위기에 대한 무관심이 오히려 강화되고 있는 것처럼 보일 정도다. 기후위기에 대한 한국인의 인식 수준이 상대적으로 높다는 조사 결과를 고려하면,[11] 지금의 상황은 역설적이다. 이를 두고 '시민의 높은 인식 수준을 정부가 따라가지 못하고 있다'는 식으로 평가하기는 어렵다. 생태주의적 전환에 대한 시민의 요구가 실재한다면, 이렇게 조용할 수 없기 때문이다. 한국 시민 대다수가 기후위기를 위기로 인식한다고 하지만, 사실상 이는 설문조사 결과에만 존재하는 '의견' 수준에 머무는 것이 아닌가? 과연 그 의견은 실질적인 사회적·정치적 요구로 전환될 수 있을 것인가? 사실 위기에 대한 이러한 무관심은 특수한 것이 아니다. 지금 한국은 기후위기뿐 아니라 인구 감소를 비롯한 거의 모든 위기에 제대로

11   이오성·김다은, 〈2022 대한민국 기후위기 보고서를 공개합니다〉, 《시사인》 747, 2022.

대응하지 못하고 있다.

국제적 협력과 연대를 통해 전 지구적 재앙에 맞서다고 해도, 실질적 행동의 단위는 개별 국가일 수밖에 없다. 각 국가의 기후 행동은 해당 국가 내부의 기후정치를 필요로 한다. 이를 위해서는 해당 국가 내부의 정치적·사회적·문화적·경제적 변화가 실현되어야만 한다. 한국이 기후정치에 소극적인 것은 단순히 자국의 이익을 보호하기 위해서가 아니라, 정치와 사회가 미래를 대비할 역량을 상실했기 때문이다. 저출생과 인구 감소에 효과적으로 대응할 수 있을 정도의 변화가 일어나야 기후위기에도 대응할 수 있다.

1992년 리우데자네이루 지구정상회의부터 2015년 파리협정에 이르기까지, UN 기후변화협약의 가장 큰 걸림돌은 미국이었다.[12] 그 기간 동안 미국 국내 정치에서 일어났던 사건들, 특히 트럼프의 당선과 파리협정 탈퇴를 떠올려보자. 미국에 절실히 필요한 것은 단순히 '자국 이기주의'나 '강대국의 독선적인 태

---

[12] 지난 30년 간의 기후변화 협상 과정에 대해서는 다음의 기사를 참고하라. 남종영, 〈기후변화 협상 30년… 지구를 위한 '도원결의'는 어디로 갔나〉, 《한겨레》, 2022. 11. 7.

도'에서 벗어나는 일이 아니라, 극단적인 우파 포퓰리즘을 허용하지 않는 국내 정치 환경을 만드는 일이다. 이런 식으로 전 세계 국가의 내부에서 기후정치를 실현할 수 있는 조건이 형성되어야만 기후위기에 대응하는 국제 협력도 효과를 발휘할 수 있다. 바꿔 말하면, 지금 인류의 기후위기 대응이 실패하는 것은 각 국가가 국내적 범위에서 그러한 조건을 구축하는 것이 극히 어렵기 때문이다. 결국 기후정치의 국내적 실패가 국제적 실패로 이어지고, 이것이 다시 국내적 실패를 촉발하는 악순환이 계속된다.

기존 질서에 대한 집착과 재앙의 속도

앞서 제기한 질문으로 돌아가보자. 인류는 왜 기후위기 앞에서 이토록 무능력한가? 방금 설명한 네이션-국가 체제의 한계가 이 질문에 중요한 답을 줄 수 있겠지만, 모든 것을 설명하지는 못한다. 국경선은 횡단 불가능한 절대적 경계가 아니기 때문이다. 근대화, 식민화, 탈식민화의 과정은 20세기 중반에 이르러 전 세계를 국경선으로 분할했지만, 이는 곧 세계 자본주의라는 초국가적 체계의 기초가 되었다. 불과 십수 년 전까지만 해도 세계화는 거스를 수 없는 역사의 귀결로 이해되곤 했다. 또한 강대국들은 자신의 이익을 위해 초국가적 경제·군사 협의체를 구성하고, 필요한 경우 다른 나라에 군대를 투입하기도 한다. 지정학적 헤게모니를 유지하기 위한 군사 동맹이나 파괴적 자본주의의 세계화에는 뛰어난 역량을 보여주었던 국가들이 왜 기후위기 대응을 위한 국제 협력에서는 실패하고 있는가?

개별 국가들이 자본주의의 세계화나 자국의 이익을 위해서만 초국가적 행동에 나서는 것은 아니다. 근대 민주주의의 궁극적 목표는 인간의 보편적 해방에 있고, 이런 의미에서 세계정치cosmopolitics의 성격을 갖는다. 칸트가 영구적 평화를 위해 제안한 '보편적 환대hospitality'의 원리에서 세계정치의 법적 원리를 발견할 수 있는데,[13] 실제로 이러한 원리는 국경선을 가로

---

13   칸트의 《영구 평화를 향해: 철학적 초안Zum ewigen Frieden. Ein philosophischer Entwurf》세 번째 확정 조항 "세계정치적 권리는 보편적 환대의 조건으로 제한되어야 한다"가 이에 해당한다.

지르며 국제 질서를 움직이는 주요 동력으로 작동하고 있다. 전 세계 국가는 두 번의 세계대전을 겪은 후 UN을 설립하고, 인간의 기본적 권리를 전 지구적 차원에서 보호하기 위한 국제 법체계를 구축해왔다. 흔히 국제 관계를 지배하는 것은 약육강식의 원리이고, 강한 나라가 약한 나라를 파괴하는 것은 자연스러운 일이라고 생각하는 이들이 많은데, 이는 세계정치의 역사에 무지한 소리다. 국가 간 역량 관계와 전 지구적 자본주의가 지배하는 국제 질서에서 어떻게 세계 정치적 이상이 실현될 수 있는지 알고 싶다면 코로나19 팬데믹의 전개과정을 돌아보면 된다.

전염병이 전 세계를 휩쓸기 시작하자 국경선은 오랫동안 잃어버렸던 본래의 힘을 되찾았고, 팬데믹 내셔널리즘이라 부를 만한 경향이 등장했다. 백신 확보를 위한 국가 간 경쟁이 시작되는 동시에, 의료 서비스와 백신 분배의 불평등이 국제사회의 핵심 의제로 떠올랐다. 그러나 상황이 나쁘게 흘러가지만은 않았다. 세계보건기구WHO는 G20 국가 지도자들을 향해 '백신 평등vaccine equity'을 강력하게 촉구했고,[14] 다수의 국가가 이에 화답하며 구체적 행동에 돌입했다. 국경선 강화와 초국가적 협력이 동시에 이루어지는 역설적 상황이 발생한 것인데, 그 이유는 분명하다. 팬데믹은 세계정치적 관점에서 접근하지 않으면 해결될 수 없는, 말 그대로 모든 인간pandêmía의 위기이기 때문이다.[15] 바이러스가 취약한 인간 집단을 공격하도록 방치한다면, 인간종 전체가 위험에 빠지게 된다. 세계보건기구는 세계정치적 성과물 중 하나다. 1946년에 채택된 세계보건기구 헌법Constitution of the World Health Organization은 건강health을 단순히 질병이 없는 상태가 아니라, 신체적·정신적·사회적 행복well-being을 누리는 상태로 정의한 다음, 모든 인간이 차별 없이 건강에 대한 권리를 보장받아야 한다고 선언했다. 코로나19 팬데믹이 예상보다 빠르게 끝나가고 있는 이유 중 하나는 이 선언에 따라 구축된 국제기구와 협의체들에 있다. 전염병 위기는 그동안 가려져 있던 인류의 어두운 민낯을 드러냈지만, 그와 동시에 초국가적 협력에

14 세계보건기구의 '백신 평등 선언'. https://www.who.int/campaigns/vaccine-equity/vaccine-equity-declaration/
15 그리스어 'pandêmía'에서 유래한 팬데믹은 '모든'을 뜻하는 'pãn'과 '사람들'을 뜻하는 'dễmos'가 조합된 단어다.

대한 희망도 보여주었다.[16]

그런데 왜 유독 기후협상에서는 이러한 희망을 발견하기 어려운가? 건강에 대한 권리는 물론, 다수의 국제 선언과 협약들이 규정한 인간의 기본적 권리에 대한 가장 심각한 위협은 지구 온난화다. UN 인권선언Universal Declaration of Human Rights(1948), 시민적·정치적 권리들에 대한 국제 협약International Covenant on Civil and Political Rights(1966), 경제적·사회적·문화적 권리들에 대한 국제 협약International Covenant on Economic, Social and Cultural Rights(1966) 모두에서 기후정치의 국제법적 기초를 찾을 수 있다. 지금 인류가 맞닥뜨린 가장 시급한 과제가 온실가스 감축이라는 것을 고려하면, 팬데믹과 지구 온난화라는 두 가지 생태학적 위기에 대한 대응이 이토록 다른 것은 미스터리한 일이다. 한쪽에서는 국경선에 갇히지 않는 세계정치의 희망을 발견할 수 있지만, 다른 한쪽에서는 국경선으로 쪼개진 인류의 절

16 세계정치의 관점에서 코로나19 팬데믹과 세계보건기구를 고찰한 에티엔 발리바르의 다음 글을 참고하라. Étienne Balibar, "Épilogue. Un monde, une santé, une espèce: Pandémie et cosmopolitique", *Cosmopolitique: Des frontières à l'espèce humaine: Écrits III*, La Découverte, 2022.

망만 보인다. 이러한 차이를 이해하려면 기후위기의 두 가지 근본적 특성에 주목해야 한다.

첫 번째 특성은 '기존의 것'과 '새로운 것'의 관계를 재설정해야 한다는 점에 있다. 1990년대 이후 사람들은 더 이상 '혁명'을 상상하지 않게 되었다. 경제적·정치적·사회적 위기가 발생하면 새로운 장치나 규칙이 추가될 뿐 기존 질서가 결정적으로 바뀌지는 않는다. 혁명의 시간은 현재의 파괴를 통해 미래로 나아가지만, 지금 우리가 살아가는 개혁의 시간에는 현재의 연장만 있을 뿐이다. 코로나19는 기존 세계에 강력한 충격을 준 역사적 사건이었지만, 혁명적 변화를 요구하지는 않았다. 방역 정책의 최종 목표는 바이러스 등장 이전의 일상과 사회질서로 돌아가는 것, 즉 안정성의 회복이었지 새로운 시대를 여는 것이 아니었다. 어떤 이들은 '팬데믹 시대'를 말하며 호들갑을 떨었지만, 그저 제한된 시기 동안의 충격이 있었을 뿐이다. 전염병 위기에 대한 우리의 기억은 이미 흐릿해지고 있지 않은가? 반면 기후위기는 근본적이고 급격한 변화를 요구한다. 온실가스 감축을 위해 필요한 일은 현재 상태에 새로운 수단을 추가하는 것이 아니라, **기존 질서**

를 새로운 질서로 대체하는 것이다.

따라서 지금까지 인류가 기후위기 대응에 실패했다는 것은 기존 질서를 바꾸는 데 실패했음을 뜻한다. 이는 근본적인 변화를 원하지 않았기 때문일 수도, 혹은 변화의 필요성 자체를 자각하지 못했기 때문일 수도 있다. 어쨌든 실패의 바탕에는 '원래 살던 대로 살겠다'는 태도, 기존 세계와 단절 없는 연속성으로서의 역사를 살겠다는 보수주의가 깔려 있다. 이는 기존의 방식대로 살다가 지구 온도가 오르고 그로 인한 재앙이 발생하면, 다시 기존의 방식으로 대응하면 된다는 태도를 보여준다. 대규모 난민이 발생하면 국경 장벽을 세우고, 식량 위기가 발생하면 힘의 논리에 따라 필요한 식량을 확보하고, 산불이 나면 더 많은 인력을 투입해 진화하고, 온열 질환자가 늘어나면 필요한 보건 서비스를 추가하는 식으로 말이다.

기후위기의 두 번째 특성은, 인간의 생존 기간을 기준으로 볼 때 재앙의 접근과 진행 속도가 느리다는데 있다. 인간의 행위가 지구 온도 변화로 나타나기까지는 수십 년 이상이 걸린다. 지구 온도 상승이 초래할 재앙도 오랜 시간에 걸쳐 점진적으로 진행된다. 이러한 사실은 인류가 기후위기 대응 방식을 선택할 때 결정적 요인으로 작용한다. 사람들이 온실가스 감축에 소극적인 가장 직접적인 이유는 당장 내일 죽지는 않을 것이라고 생각해서 아닌가? 재앙의 속도가 느리다는 것은 그 외에도 다양한 사실을 함축한다. 무엇보다 인간의 행위와 재앙 사이의 인과관계가 극도로 복잡하고, 재앙의 종류를 정확히 특정하는 것도 불가능하다. 모든 예측은 '가능성'의 언어로 표현되는데, 적지 않은 사람이 이것을 '불확실성'으로 이해한다. 결국 미래에 발생할지 모를 불확실한 재앙에 대응하는 방법으로 재앙의 효과를 최대한 늦추는 것, 다시 말해 **재앙의 효과를 가능한 만큼 다음 세대에게 떠넘기는 것**을 선택하게 된다.

앞서 말한 기후정치의 국내적 실패와 국제적 실패의 배경에는 기후위기의 이러한 두 가지 특성이 있다. 세계의 평화와 인류의 생존을 위협하는 행위들, 예컨대 전쟁을 벌이거나, 다른 나라의 전쟁이나 학살을 묵인하거나, 난민의 죽음을 방관하는 행위들은 대부분 비시민의 희생을 통해 자국의 지정학적 이익을 보호하는 것을 목적으로 한다. 이와 달리, 개별 국가와 국제사회가 기후위기 대응에 무능한 것은 단순히 이익을 추구해서가 아니다. 개별 국가가 탄소 감축량 제한에 소극적인 진짜 이유는 화석 에너지 분야 기업과 노동자의 이익을 보호하기 위함이다. 하지만 그들이 얻는 이익이란 정확히 무엇일까? 당장의 경제적 이익을 지키더라도, 결국 그들 모두 기후재앙을 맞게 될 텐데 말이다. 따라서 '미국적 삶의 방식은 협상의 대상이 될 수 없다'는 부시의 발언은 단순히 미국의 이익을 지키기 위해 생태학적 위기를 무시하겠다는 의미가 아니다. 앞으로 생태학적 재앙이 인류 전체의 생존을 위협하고, 미국 자신도 그 재앙의 희생자가 되겠지만, 그럼에도 미국은 원래 살던 대로 살 것이라는 선언이다. 어떤 일이 있어도 기존 질서를 포기하지 않겠다는 것, 그리고 재앙의 효과를 최대한 늦추는 데만 몰두하겠다는 태도 말이다.

인류 역사 전체는 물론이고 산업 문명의 역사만 고려하더라도, 기후위기가 현대 자본주의가 초래한 아주 최근의 문제임을 알 수 있다. 인류의 탄소 배출이 본격적으로 시작된 것은 산업혁명 이후지만, 현존하는 대기 중 탄소량의 대부분은 20세기 말부터 배출된 것이다. 기후재앙은 산업 문명이 맞이할 수밖에 없는 필연적 운명, 인류의 노력으로 바꿀 수 없는 결정된 종말 같은 것이 아니다. 그동안 근대인이 이룬 거대한 문명에 비하면, 탄소 감축은 비교적 간단한 일 아닌가? 문제는 이 '간단한 일'을 못하고 있다는 사실이다. 행동하면 바꿀 수 있는데, 행동하지 않고 있다. 인류는 기존의 질서를 버리고 싶지 않은 것 아닐까? 미래의 재앙이 두렵긴 하지만, 지금까지 살아온 방식을 바꿀 정도는 아닌 것인가? 여기서 말하는 기존의 질서 및 삶의 방식이란 지금의 세계가 존재하는 방식 그 자체를 의미한다. 이것을 바꾸는 것이 왜 이리 힘든가? 왜 인류는 미래와 맞바꿔 현재를 지키려고 하는가? 이 질문에 답하려면, 지금의 세계가 기초하고 있는 기본 토대로 시선을 돌려야 한다.

인류와 자연을 어떻게 이해할 것인가

인간 세계를 규정하는 가장 근본적인 토대 중 하나는 인간과 자연이 관계 맺는 방식이다. 지구 역사의 어느 시점에, 아래에서 언급할 초월성transcendence의 세계가 내재성immanence의 세계를 몰아내기 시작했던 즈음에, 자연과 분리된 존재로서의 인류가 등장했다. 모든 존재자가 인격 대 인격으로 관계 맺는 야생의 세계는 주변부로 밀려나고, 자연을 이용하는 인간과 이용당하는 자연으로 구성된 문명 세계가 확장되기 시작했다. 문명이 야생에 대한 전면적 학살을 시작했을 때, 즉 15세기 유럽인이 아메리카를 침략한 그 시점부터, 자본주의라는 전 지구적 생태학살ecocide 기계가 본격적으로 작동하기 시작했다. 이 기계가 인간과 자연의 관계를 다루는 방식은 이중적이다. 한편으로는 인간과 비인간 존재자 모두 차별 없이 상품화하는 극단적 경향을 보였고, 다른 한편으로는 소비자 인간이 자연을 제한 없이 착취하도록 만들었다. 자연은 고갈되지 않는 무한한 자원으로, 인간 행위의 영향을 받지 않는 정지된 배경으로 이해되었다.

인류세Anthropocene의 시작 시점에 대한 논쟁은 여전히 진행 중이지만, 20세기 중반을 제안하는 학자들의 의견을 받아들인다면 인류세야말로 자본주의의 가장 극적인 결과물일 것이다.” 기존의 질서와 삶의 방식

전체가 이러한 인간-자연 관계에 기초한다. 기후재앙이 닥치더라도 원래 살던 대로 살겠다는 선언이 일차적으로 의미하는 바는 자연을 대하는 기존의 방식을 바꾸지 않겠다는 것이다. 즉 이것은 인간의 행위가 자연의 기본 형태와 운동 방식을 바꾸고, 자연은 자신의 행위 역량을 인간에게 행사한다는 사실을 의도적으로 무시하겠다는 선언이다.

기후위기 앞에서 '근본적 전환'의 필요성을 주장하는 사람이 많다. 그런데 '근본적'이라는 것은 정확히 어떤 수준을 의미하는가? 많은 사람이 화석연료를 재생가능 에너지로 대체하는 것이 근본적 전환이라고 생각한다. 물론 지금의 국제사회에서는 에너지 전환의 필요성을 합의하는 것조차 어려운 일이지만, 과연 자본주의적 상품 논리와 성장 패러다임을 바꾸지 않고서 화석연료를 퇴출하고, 지구 온도 상승을 억제할 수 있을까? 에너지 전환과 넷제로Net Zero가 이토록 지지부진한 것은 기후위기를 단지 에너지 문제로

---

17 Richard Monastersky, "Anthropocene: The human age", *Nature* 519, 2015, pp. 144–147.

접근해서 아닌가? 그래서 누군가는 근본적 전환이란 곧 자본주의의 변화라고 이해할 것이다. 하지만 이번에도 같은 질문을 던질 수 있다. 자본주의를 문제 삼는 것만으로 충분한가? 자본주의에 맞선 저항운동은 2세기에 가까운 역사를 보유하고 있지만, 과연 그 운동이 생태학적 위기를 억제하는 효과를 발휘해왔는지는 불분명하다. 잘 알려져 있다시피, 자본주의 반대와 정치적 생태주의라는 두 가지 지향이 항상 일치하지는 않으며, 때로는 서로 갈등하기도 한다. 그렇다면 진정한 의미에서 근본적 전환을 고려하려면 **자연과 인간의 관계** 자체에 질문을 던져야 하지 않을까? 기후위기 앞에서 드러나고 있는 인류의 무능함은 이 질문을 진지하게 고심하지 않거나 거부하고 있다는 사실에서 비롯하지 않는가?

생태학적 위기를 자기 사유의 주제로 삼았던 사상가들은 예외 없이 자연에 대한 이해 방식을 문제 삼는다. 우리가 참고해야 할 가장 고전적인 작업은 독일 출신의 철학자 한스 요나스Hans Jonas의 《책임 원칙Das Prinzip Verantwortung》(1979)이다. 이 책의 목적은 인간의 기술이 자연의 존속을 위협하는 시대에 필요한 윤리학,

자연 그 자체를 책임의 대상으로 삼는 윤리학의 체계를 구축하는 것이다. 요나스는 이 책 초반부에서 서구 전통 윤리학의 네 가지 특징을 나열한다. 첫째, 비인간 존재자는 기술tékhnē의 대상일 뿐이므로, 그것을 변형하거나 파괴하는 행위는 윤리학적 문제를 제기하지 않는다. 둘째, 윤리학은 오로지 인간과 인간 사이의 문제만 다룬다. 셋째, 인간은 일정한 본질을 가진 존재이며, 기술의 대상이 될 수 없다. 넷째, 윤리학은 인간의 행위와 그 행위의 결과가 시간적·공간적으로 근접해 있는 경우만 다룰 수 있다. 예를 들어, 누군가 유독 물질을 배출하고, 이 물질이 긴 시간 동안 복잡한 인과관계를 거쳐 다른 사람의 건강을 해친 경우, 윤리학적 판단이 개입할 여지가 별로 없다. 한마디로, 기존의 윤리학은 인간과 자연의 분리에 기초한 인간중심적anthropocentric 학문이다.[18] 이런 윤리학의 가장 결정적인 한계는 기술이 고도로 발전한 시대에 발생하는 세대 간 문제, 즉 현세대가 자연을 변형하고, 미래

18　Hans Jonas, *The Imperative of Responsibility: In Search of Ethics for the Technological Age*, tr. Hans Jonas & David Herr, The University of Chicago Press, Chicago, 1984, pp. 4-5.

세대가 그것의 파괴적 효과를 감내해야 하는 상황을 다룰 수 없다는 점에 있다. 자연은 윤리학 외부에 존재하고, 윤리학은 이미 존재하는 인간과 아직 존재하지 않는 인간 사이의 윤리적 관계를 다룰 방법이 없기 때문이다. 요나스는 자연 자체가 내재적 목적과 가치를 지닌다는 것을 보여주기 위해 새로운 존재론적·목적론적 논변을 구성한다.[19] 그리고 '존재'와 '당위'의 이분법을 넘어 자연이 존재해야만 한다는 것을 논증하고, 그에 대한 인간의 책임을 이론화한다.

우리가 생태학적 위기를 생각할 때, 결코 피해갈 수 없는 것이 라투르의 철학적·인류학적 작업이다. 초기 저작부터 생애 마지막 시기의 작업까지, 그는 자연/사회(문화), 과학/정치, 비인간/인간의 '거대 분할 great divide'을 폐지하는 데 몰두해왔다.[20] 요나스의 윤리학 역시 자연과 인간의 분리를 인정하지 않지만, 라투르는 이보다 훨씬 더 나아가 자연과 인간의 개념 자체

19 Ibid., pp. 72-74, p. 79.
20 《우리는 결코 근대인이었던 적이 없다Nous n'avons jamais été modernes》(1991) 전체가 이러한 거대 분할을 비판하는 작업에 할애되어 있다. 브뤼노 라투르, 《우리는 결코 근대인이었던 적이 없다》, 홍철기 옮김, 갈무리, 2009.

를 전면적으로 재구축할 것을 제안한다. 이는 비인간과 인간을 구별하지 않는 '자연의 정치', 과학과 분리되지 않는 민주주의를 수립하기 위함이다. 따라서 라투르가 '환경 보호'를 주장하는 기존의 운동에 비판적인 것은 당연한 일이다. 지금 필요한 일은 인간의 개입이 차단된 순수한 자연 그 자체를 보호하는 것이 아니라, 민주주의와 생태학, 정치와 과학이 통합된 것으로서의 정치적 생태주의(정치적 생태학)를 구성하는 것이다. 그것의 대상은 인간과 비인간의 결합들을 모으는 절차로서의 '집합체collecitve'다.[21] 따라서 '새로운 기후 체제'를 위해 필요한 것은 네이션-국가들이 지금까지 해오던 방식의 협상이 아니라, 인간/비인간으로 나뉘지 않는 존재자들, 즉 지구 위에서 살아가는 모든 '행위 역량agency' 사이의 협상일 것이다.[22]

[21] '정치적 생태주의'는 프랑스어 'écologie politique'를 번역한 말이다. 영어 'political ecology'가 주로 특정 연구 분야를 지칭하는 반면, 프랑스어 'écologie politique'는 생태와 관련한 정치적·사회적 운동을 의미한다(한국어 '환경운동'에 가깝다). 라투르가 제안하는 것은 '정치적 생태학'이라는 과학과 '정치적 생태주의'라는 정치운동의 일치이다. '집합체'에 대해서는 다음을 참고하라. Bruno Latour, *Politics of Nature: How to Bring the Sciences into Democracy*, tr. Catherine Porter, Harvard University Press, 2004, p. 238.

여러 차이점이 있긴 하지만, 요나스와 라투르의 작업은 공통의 비판 정신에 기초한다. 정치와 과학, 사회와 자연, 인간과 비인간을 구별하고 관계 맺는 기존의 방식을 유지한 채로는 생태학적 위기에 대응할 수 없다는 것이다. 크레나키가 제기하는 질문은 더 급진적이다. 그가《세계의 종말을 늦추기 위한 생각들》에서 문제 삼는 것은 야생과 문명 사이의 단절이다. 원주민은 동물, 산, 강, 숲, 인간 등이 서로 인격적 관계를 맺는 야생의 세계에서 살아간다. 문명 세계는 인류를 자연으로부터 분리하고, 자연을 자원으로 취급한다. 이러한 '자연 자원'에는 야생의 세계도 포함된다. 결국 문명인은 야생의 세계에 종말을 가져다주는 방식으로 자기 세계를 확장해나간다. 최근의 인류학적 작업을 참고해, 이 두 세계를 내재성과 초월성의 개념으로 다시 표현할 수 있다.

미국의 인류학자 마셜 살린스Marshall Sahlins는 사후

---

22 라투르 본인이 프랑스어 개념 'puissance d'agir'를 영어 'agency'로 번역해서 쓴다. Bruno Latour, *Face à Gaïa: Huit conférences sur le nouveau régime climatique*, La Découverte, 2015[영어판: *Facing Gaia: Eight Lectures on the New Climatic Regime*, tr. Catherine Porter, Polity Press, 2017.

에 출간된 마지막 책에서 이 두 가지 개념으로 새로운 보편사를 구성한다.[23] 약 2500년 전에 시작된 '축의 시대' 이전까지, 인간은 내재성의 우주에 속해 있었다. 이곳에서 비인간 존재자는 물론 신, 죽은 인간, 동물과 숲의 영혼 따위 모두가 우주에 내재적인 인격들로서 인간과 관계 맺는다. 오늘날의 수많은 원주민 사회도 이러한 우주 안에서 살아간다. 비베이루스 지 카스트루가 아마존의 '다자연주의multinaturalism'라고 부른 것 역시 내재성의 우주론 중 하나다.[24] 크레나키가 말하듯, 원주민에게는 '자연' 같은 개념이 없다. 다만 '꿈의 장소'가 있을 뿐이다. 축의 시대에 등장한 초월성의 우주에서는 오로지 인간만이 인격으로 인정되고,

23   Marshall Sahlins, *The New Science of the Enchanted Universe: An Anthropology of Most of Humanity*, Princeton University Press, 2022. '축의 시대'는 철학자 카를 야스퍼스가 제안한 개념이다. 약 2500년 전 중국, 인도, 중동, 그리스 등에서 전혀 새로운 성격의 사유가 등장했던 시기를 의미한다. 하지만 이 시대를 기준으로 초월성의 문화가 내재성의 문화를 대체했다고 이해해서는 안 된다. 지금도 내재성의 문화는 여전히 존속하고 있다. 다만, 초월성의 문화가 축의 시대부터 오늘날까지 계속해서 스스로를 확장하며 내재성의 문화를 주변부로 몰아내고 있다.

24   에두아르두 비베이루스 지 까스뜨루, 《식인의 형이상학》.

인간의 창조물이 아닌 비인간 존재자들은 자연이라는 비인격적 범주로 분류된다. 종교의 신들, 초자연적 존재자들은 인간과 자연이 있는 이승이 아닌 저승, 즉 초월적 세계에 속한 것으로 간주된다.

비베이루스 지 카스트루는 크레나키의 책에 대한 후기에서 우리가 새로운 축의 시대로 넘어가고 있지는 않은지, 더 정확히 말하자면, 그런 시대로 넘어가야만 하는 것은 아닌지 질문한다. 자신을 문명인으로 생각하는 인류가 인간과 자연에 대한 자신의 우주론을 그대로 유지한 채, 기후위기를 비롯한 수많은 생태학적 위기에 대응할 수 있을 것인가? 문명 세계의 주변으로 쫓겨난 원주민의 관점에서 보자면, 지금의 생태학적 위기가 요구하는 일은 새로운 윤리학을 수립하거나 과학과 정치의 근대적 분리를 폐지하는 수준을 넘어, 2500년 전에 일어났던 것과 비슷한 수준의 근본적 전환을 가져오는 것일지 모른다. 이것이 문명인의 인류가 세계의 종말을 늦출 수 있는 유일한 방법일 것이다.

변화와 파국 사이에서

자연을 자원으로 활용하면서 살아온 인류가 지금 직면한 질문은 이런 것이다. 파국을 회피하기 위해 지금까지 살아온 방식을 완전히 바꿀 것인가, 혹은 기존의 방식대로 살다가 파국을 맞을 것인가? 인류는 여전히 이 질문에 어떻게 답할지 명확하게 결정하지 못했디. 기후위기 앞에서 노골적으로 드러나고 있는 인류의 무능함은 이런 머뭇거림에서 비롯한다. 머뭇거림의 이유를 다양한 차원과 맥락에서 찾을 수 있겠지만, 가장 직접적인 이유는 기존 질서를 결코 포기할 수 없다는 극단적 보수주의, 미래를 희생해 현재를 누리겠다는 변형된 종말론적eschatological 태도에 있다. 한마디로, 지금의 인류는 이대로 살다가 파국과 종말을 맞는 편이 낫겠다는 생각에서 여전히 벗어나지 못하고 있다. 그래서 표면적이고 부분적인 변화를 통해 위기에 대응하려는 전략에 집착한다.

기존의 질서와 삶의 방식을 바꾸지 않고서 기후위기에 대응하는 것은 불가능하다는 사실을 다시금 확인해야 한다. 남은 것은 그러한 변화를 어떤 수준에서 사고해야 하는지에 관한 질문이다. 앞에서 생태학적 위기를 다룬 철학자와 인류학자의 작업을 소개한 이유가 여기에 있다. 그들이 예외 없이 지적하듯, 우리는 자연과 인류의 분리라는 가장 기초적인 문제로 돌아가야 한다. 기후위기는 새로운 국면이 아니라, 인류가 오랫동안 실행해온 생태학살의 마지막 단계일 뿐이다. 인간도 대지의 한 부분이라는 사실을 깨닫지 않고서 대지의 재앙을 생각할 수는 없다. 이 사실은 너무나 당연하게 보이지만, 이를 사고하려면 수천 년간 이어져온 문명의 토대에 질문을 던질 역량이 있어야 한다.

원주민의 역-인류학

3

원주민의 역-인류학

인간의 가장자리에서 던지는
브라질 원주민의 질문

박수경

에르난 코르테스Hernán Cortés와 함께 1521년 아스테카 제국의 중심지인 테노치티틀란을 정복한 베르날 디아스 델 카스티요Bernal Díaz del Castillo가 기록한 바에 따르면, 코르테스는 원주민과의 첫 대면에서 죽은 동료의 시신을 숨겼다. 인디오가 유럽인을 신적 존재라고 믿게 하기 위해서였다. 군사적 정복이 마무리된 후 베르나르디노 데 사아군Bernardino de Sahagún, 호세 데 아코스타José de Acosta 등 16세기 에스파냐 연대기 작가들이 남긴 여러 기록에 따르면, (그들의 의도가 성공한 덕분인지) 접촉 초기 아메리카 원주민은 에스파냐인이 인간인지 신인지 궁금해했고, 그들을 대체로 신격화했다.

그러나 에스파냐인에 대한 원주민의 인식은 얼마 지나지 않아 달라졌다. 로페스 데 고마라López de Gómara 가 1552년 출간한 《인디아스의 역사Historia general de las Indias》에 따르면, 카리브 지역의 어느 원주민은 에스파냐인을 물 속에 넣어 죽여서 그가 인간임을 확인했다. 헤로니모 데 멘디에타Jerónimo de Mendieta와 바르톨로메 데 라스 카사스Bartolomé de las Casas에 따르면, 메소아메리카의 원주민은 에스파냐인을 신적 존재로 여기다가 그들의 탐욕스러운 행동을 보고 생각을 바꾸었다.[1]

16세기 연대기는 에스파냐의 승리로 끝난 군사적 정복 이후 승자가 기록한 역사다. 코르테스나 카스티

---

[1]　여기서 인용하는 연대기는 다음과 같다. Bernal Díaz del Castillo, *Historia verdadera de la conquista de la Nueva España*, Espasa Calpe, 1997; Bernardino de Sahagún, *Historia general de las cosas de la Nueva España*, Cambridge University Press, 2010; José de Acosta, *Historia natural y moral de las Indias*, Fondo de Cultura económica, 2006; Francisco López de Gómara, *Historia general de las Indias*, 1552, https://www.cervantesvirtual.com/obra-visor/ historia-general-de-las-indias--0/html/; Jerónimo de Mendieta, *Historia eclesiástica indiana*, 1870, https://www.cervantesvirtual. com/obra-visor/historia-eclesiastica-indiana—0/html/.

요 같은 정복자가 자신의 군사적 업적을 과시하려는 목적에서 기록한 연대기도 있지만, 대다수의 연대기는 탁발수도사들이 가톨릭 전파를 염두에 두고 원주민의 관습을 관찰한 기록이다. 여기서 에스파냐인이 관찰하고 때로는 상상한 원주민의 인식이란 유럽인의 인식 체계에 원주민을 덧댄 결과이다. 그들은 원주민에 대해 기록했지만, 그들의 기록에 담긴 것은 가톨릭인으로서 자기 정체성에 관한 내적 이해의 확장에 불과했다. 그리하여 유럽인과 아메리카 원주민의 '접촉'은 군사적 정복과 함께 타자에게 가톨릭인의 정체성을 강제적으로 이입하는 식민화로 귀결되었다.

유럽인의 관찰에 따르면, 원주민은 '그들[유럽인]이 신인지 아닌지'를 궁금해했다고 한다. 이 질문의 출처를 확인하기란 어렵다. 이 질문이 정말 원주민의 것이었는지, 아니면 기독교적 세계관 안에서 '신'이 갖는 절대적인 위상을 스스로에게 부여하고자 했던 정복자와 초기 식민자들의 욕망이 만들어낸 상상이었는지 알 길은 없다. 그러나 유럽인은 이 질문을 건져 올려 반복적으로 기록했고, 그리하여 신과 인간 사이 어딘가에 위치하는 '보통 이상 인간'의 지위를 획

득하기 시작했다. 바로 그 지위에서 유럽인은 원주민에게 다음과 같은 질문을 던졌다. '그들[인디오]은 인간인가, 아닌가?'

원주민이 실제로 '그들은 신인가 아닌가'라는 질문을 던졌다 해도, 그 질문이 원주민에게 그렇게 절대적인 것은 아니었을 것이다. 아메리카 원주민의 세계관에서 신이란 절대적 존재자가 아니었다. 16세기 중앙집권 체제를 확립하고 종교를 정치적 이데올로기로 활용한 집단들에서조차 '신'은 유일무이한 절대적 존재자가 아니었으며, 대다수의 지역에서 신이란 인간을 포함한 존재자들의 관계를 설명하는 속성이었다.

따라서 원주민이 '그들은 신인가'를 물었을 때, 그들의 관심은 위계적 관계의 배치를 완성시키는 데 있지 않았다. 비베이루스 지 카스트루는 아메리카 원주민의 존재론에서 모든 존재자는 정신적 영역에서 동일한 위상을 갖는다고 설명한다. 다만 각 존재자는 물질적 영역에서 서로 다른 신체를 지닌다. 과거와 현재 아메리카 원주민의 사유 체계를 섣불리 단일화할 수는 없지만, 그들의 세계관이 기독교적 세계관과 근본적으로 다르다는 사실을 부정할 수는 없다.

질문이 누구에게서 비롯되었는지와 무관하게, 16세기 원주민은 이내 '그들은 신인가 아닌가'라는 질문에 고개를 갸우뚱하며 '신이 아니다'라는 답을 내렸다. 원주민들에게 중요한 것은 이 질문에 대한 답을 구하는 것이 아니었다. 그들에게 더 중요한 것은 유럽인의 파괴적인 행위에 맞서 저항하거나 그것을 수용하며 그들 자신의 세계를 지켜나가는 것이었다. 그사이 유럽인은 '인디오는 인간인가, 아닌가'라는 질문에 더욱 골몰했다. 이들에게 그 질문에 대한 답은 무척 중요했다. 그 답이 무엇인가에 따라 그들이 누릴 수 있는 지배권의 형태와 범위가 달라지기 때문이었다.

유럽인이 유럽 밖의 땅에 대한 지배권을 행사할 수 있게 된 것은 그들 세계 내부의 권위에 기대 정당성을 확보했기 때문이었다. 교황 니콜라스 5세는 1452년 〈다름에도Dum diversa〉와 1455년 〈로마 교황 Romanus Pontifex〉 등의 칙서를 통해 포르투갈의 아폰수 5세Afonso V에게 북아프리카 일부 지역에 대한 소유권과 복음화에 대한 권리를 위임했다. 교황에 의해 담보되는 그러한 통치의 정당성은 13세기부터 확립되기 시작한 교황지상주의에서 비롯되었다. 13세기 이탈리아 추기경 호스티엔시스Hostiensis는 교황에게 기독교인뿐 아니라 기독교인이 아닌 자들까지 통치할 권위가 있다고 주장했다. 이러한 신학적 배경 아래 15세기 중반 포르투갈은 아프리카에 대한 소유권과 복음화의 사명을 승인받았고, 원주민을 노예로 삼을 수 있는 권한도 얻었다.

그러나 포르투갈이 아프리카 대서양 연안으로 진출하고 얼마 지나지 않은 1493년 교황 알렉산데르 6세는 〈나머지 땅들 사이Inter caetera〉와 〈오래지 않아 Dudum siquidem〉 등의 칙서를 통해 새로 발견되거나 앞으로 발견될 땅을 에스파냐의 가톨릭 왕실에 영구히 하사하고 그곳의 원주민을 기독교도로 개종시킬 수 있는 독점권을 부여했다. 1492년 콜럼버스가 대서양을 횡단하여 '신세계'를 발견한 직후의 일이었다. 이러한 교황 칙서에 따라 에스파냐 왕실의 아메리카 원주민 지배는 유럽 세계 내부에서 정당성을 확보하게 되었다. 그러나 교황 알렉산데르 6세는 니콜라스 5세와 달리, 에스파냐 왕실에 아메리카에 대한 일체의 권한을 하사·양도·할당할 때 아메리카 원주민을 노예화

할 권한까지 부여하지는 않았다. 이 때문에 유럽인이
아메리카 원주민에 대해 던진 '원주민은 인간인가 아
닌가'라는 질문은 첨예한 논쟁을 불러일으켰다.

　당시 원주민은 '야만인bárbaro' 혹은 '자연인natural'으
로 불렸다. 콜럼버스의 2차 항해에 동행한 디에고 알
바레스 찬카Diego Álvarez Chanca는 곤충 음식을 먹는 원주
민의 식문화를 두고, '짐승 같다'고 표현했다. 사제였
던 후안 히네스 데 세풀베다Juan Ginés de Sepúlveda는 원주
민을 호문쿨로스homunculos, 즉 '인간이 만든 인간'이라
고 불렀다. 그는 "인디오에게는 인간성 (……) 곧 특정
인으로 하여금 문명에 도달할 수 있게 만드는 정신 또
는 영혼의 자질이 결여되어 있다"고 적었다. 아메리카
원주민은 아프리카 원주민처럼 노예화되지는 않았지
만, '인간'과 '동물' 사이 어딘가에 위치하는 '보통 이
하의 인간'이 되었다. 라스 카사스 신부는 대다수 유
럽인의 이런 인식에 맞서 "지상의 모든 민족은 인간이
며, 인간 각자 그리고 모두에게 인간은 모두 이성적이
라는 하나의 정의만 존재한다. 즉 모두가 하나님의 형
상과 모양에 따라 창조되어 지성과 의지와 자유를 소
유한다"[2]고 주장하며 원주민의 신학적·법률적 지위

에 대한 논쟁에 불을 지폈다.

이 논쟁은 신학적·법률적 형식을 취하고 있었지만, 사실상 원주민의 노동력을 누가, 어떤 방식으로, 어떤 강도로 착취할 것인가라는 매우 실용적인 사안과 직접적으로 연관되어 있었다. 이 논쟁은 1537년 교황 바오로 3세의 칙서 〈지존하신 하나님Sublimis Deus〉에서 "우리는 인디오들도 참으로 인간이라고 생각하며 (……) 그들이 (……) 가톨릭 신앙을 이해할 수 있다고 생각한다"라고 밝히는 것으로 종결되었다.

교황의 칙서에 따라 인디오는 인간으로 인정되었고, 1542년 에스파냐 왕실이 공표한 '인디아스 신법Leyes Nuevas'에 따라 왕실 신민의 지위를 얻었다. 1573년 포르투갈 왕실은 순종적인 인디오와 반항적인 인디오를 구분하여 반항적인 인디오만을 노예로 삼도록 제한했다. 이어지는 식민 지배는 아메리카 인디오에 대한 수탈을 전제로 이루어졌지만 그들에게는 법적 보호와 종교적 후원을 받는 왕실의 신민이자 가톨

---

2   루이스 N. 리베라, 《복음 전도를 빙자한 폭력과 수탈의 역사》, 이용중 옮김, 새물결플러스, 2020, 304쪽.

릭 교인이라는 지위가 주어졌다. 그러나 유럽인의 인식 속에 각인된 '인간이 만든 인간'이라는 관념은 제도적 차원에서 인디오에게 부여된 인간의 지위를 지속적으로 위협했다.

19세기 식민지 시대가 막을 내리며 라틴아메리카에 수립된 근대 국가들은 원주민에 대한 명시적 차별을 폐지하고 국민으로서 평등한 권리를 보장했다. 그러나 원주민은 여전히 '하위 인간'이었으며, 이들을 온전한 인간으로 탈바꿈시키는 것이 새로운 국가의 당면 과제였다.

브라질의 경우, 1916년까지도 민법상 인디오는 금치산자로 간주되어 국가기관의 후견을 받아야 했다. 1918년에는 인디오 보호청Serviço de Proteção aos Índios을 설립해 원주민의 삶을 보장하는 한편, 그들이 점진적으로 '문명화'되도록 장려하는 정책을 폈다. 소위 통합주의 정책을 통해 원주민 집단들과 브라질 사회의 주류를 형성하는 근대인의 차이를 없애고, 원주민을 원주민으로 존재하도록 하기보다 브라질 국민으로 흡수하려는 시도였다. 식민지 시대와 19세기 브라질 제국을 거쳐 오늘날에 이르는 동안 강, 밀림, 해안가 등

각기 다른 자연환경에 깊숙이 연루된 채 고유의 사회
조직을 형성해온 집단들은 20세기 초반에 이르러 국
민이라는 틀에 찍혀 잘려나갔다.

신과 인간 사이에 위치했던 유럽인의 혈통, 인식
론, 가치를 계승한 후계자들과 인간과 인간 이하의 어
디쯤에 위치했던 비유럽인의 혈통, 존재론, 가치를 계
승한 후계자들은 근대 국가의 틀 안에서 '인간'이라는
동일한 위상으로 정렬되었다. 수백 년에 이르는 역사
적 시기마다 동물, 하위 인간, 인간, 신으로 각기 다르
게 규정되었던 비유럽인은 20세기에 이르러서야 '인
간'이라는 동일한 값을 갖게 되었다.

그러나 이렇게 동질화된 인간은 단일한 좌표 평면
위에서만 존재한다. 무수한 인간 집단들이 흩뿌려져
있던 n차원의 우주는 2차원의 좌표 평면 위에 놓이며
단일한 세계, 하나의 인류로 재구축되었다. 이곳에서
는 다른 평면의 다른 세계를 상상하는 일이 금기시되
었고, 다른 세계를 상상할 수 있는 능력이 거의 상실
되었다. 동질적인 인류로 포섭되지 않은 채 인류라는
단일한 개념을 울퉁불퉁하게 만드는 또 다른 인류만
이 다른 세계를 상상할 수 있는 능력을 여전히 보존하

고 있다. 지금 이 세계의 종말을 늦추기 위한 상상은 그들에게 크게 빚지고 있다.

인디오가 인간이라는 사실이 '판명'된 지 400여 년, 공화국의 수립과 함께 국민으로 통합된 지 거의 100년이 흐른 1987년 9월 4일. 도시강과 함께 살아가는 한 크레나키인이 행동에 나섰다. 그는 원주민 권리 퇴보에 조의를 표하는 의미로 흰색 정장을 입고, 얼굴에 검은 안료를 바른 채 브라질 의회에서 다음과 같이 연설했다. "우리 원주민에게는 존속을 위한 우리의 전통, 생활, 문화를 표현하기 위해 생각하는 방식, 살아가는 방식, 근본적인 조건들이 있습니다." 그의 연설은 동질화된 인간의 지위 대신, 다른 인간의 존재를 드러냈으며, 1988년 공표된 브라질 헌법 '8장 사회질서에 관한 장'에 '8절 원주민에 관한 절Capítulo VIII Dos Índios'을 새로이 추가하는 중대한 변화를 일으켰다.

1987년 의회 연단에서 연설을 한 인물은 1970~1980년대 브라질에서 원주민운동을 이끈 지도자들 가운데 한 명이었던 아이우통 크레나키였다. 그가 한 연설 장면은 인상적인 사진과 영상에 담겨 아직도 우리가 볼 수 있다. 연설은 1964년부터 1985년까지 이어진 브라질 군사독재 이후 민주주의 질서를 확립하기 위해 구성된 제헌의회에서 이뤄졌다. 1988년 헌법은 브라질의 민주화를 의미했으며, 이 헌법에 따라 원주민에 대한 통합주의적 정책은 '다양성의 인정'이라는 새로운 방향으로 선회하게 되었다.

이로써 다른 주민들과 마찬가지로 원주민 역시 인권을 갖는다는 근대적 원리의 지루한 반복은 중단되었다. 그 대신 브라질 주류 사회와 다른 삶의 양식, 사유, 우주론을 바탕으로 살아가는 다양한 세계들이 존재한다는 것이 법적으로 인정되었다. 브라질 국가를 구성하는 하부 조직이 아닌 "원주민의 사회 조직, 관습, 언어, 신념과 전통, 전통적으로 점유하고 있는 땅에 대한 고유한 권리를 인정"(제231조)한 것이다. 이러한 권리는 구체적으로 '땅'과 그곳에 거주하는 '주민'으로서 인디오의 관계를 인정하는 것으로 실현된다. 그리하여 원주민이 점유한 땅으로 인정된 곳에서 그곳의 주민은 토지, 강, 호수에 대한 독점적 권리를 가지며, 매장된 광물 자원과 에너지로서 수자원을 활용할 경우 자원 개발 사업에 참여할 수 있는 권한을 보장받는다. 또한 그 땅은 양도 및 취득이 불가능하다.

브라질은 전통적으로 원주민 공동체의 토지 점유권과 이용권에 대해 대체로 우호적이었다. 1850년 첫 번째 토지법에서는 "원주민의 땅은 소유자가 없다고 볼 수 없다"고 명시함으로써 원주민 집단의 토지가 사적 소유 재산으로 등록되지 않았더라도 사회적으로 원주민 집단의 땅을 인정했다. 1973년 제정된 원주민법Estatutodo Índio에는 행정적인 의미의 '원주민 토지terra indigena' 개념이 도입되었고, 원주민 토지는 연방정부의 소유로서, 해당 토지를 전통적으로 점유하고 있는 원주민의 배타적인 권리를 보장했다. 1988년 헌법은 원주민의 토지를 인정하는 이러한 경향에 덧붙여 원주민 집단들의 관습, 사회 조직, 언어, 전통을 인정함으로써 '동질적 인간'이라는 개념이 소거한 다수의 인간집단 간의 차이를 소환했다.

또한 모든 인간이 동일한 '값'으로 동질화되는 과정은 모든 비인간 존재를 상품이라는 동일한 '값'으로 동질화하는 과정이기도 했다. 상품이라는 값이 부여된 비인간 존재들에게는 천차만별의 가격이 매겨지고 그들은 자유로운 거래 대상이 된다. 그러나 원주민이 전통적으로 거주해온 땅은 원주민 집단의 토지 사용권이 보장되어 거래 가능한 '토지' 혹은 '자원'이 아닌 그들의 사회 조직, 관습, 신념이 머무르는 '영토'로서 차별화되었다.

그러나 2019년 브라질의 대통령에 취임한 자이르 보우소나루는 '그들[인디오]은 인간인가'라는 케케묵은 과거의 논쟁을 다시 끄집어냈다. 취임 직후부터 원주민 토지가 브라질 발전을 저해하는 요소라는 입장을 밝혔던 그는 2020년 1월 페이스북 라이브 방송에서 '인디오가 점점 우리와 같은 인간이 되고 있다'는 발언을 해서 거센 비난을 받았다.

브라질노동자당의 몰락과 보우소나루의 대통령 당선을 지켜본 크레나키는 《세계의 종말을 늦추기 위한 생각들》에서 "우리는 인류라는 관념을 어떻게 구축하게 되었는가?" "우리는 정말로 하나의 인류인가?"라는 질문을 던지며 1500년 카브랄이 브라질에 도착한 후부터 지금까지 원주민을 향했던 질문을 우리에게 되돌려준다. 그토록 오랜 시간 동안 반복되어온 원주민을 향한 질문과 그 질문에 함축되어 있는 '인디오는 하위 인간이다'라는 말에 대해 크레나키는 그 말을 부정하거나 다른 답을 내놓는 대신 자신의 질문을 던진다. 수백 년 전 유럽인을 처음 만난 아메리카 원주민들이 그러했듯이.

'이미지 껍질' 개념의
비판적 역량

장-크리스토프 고다르

이론 안에서 벌어지는 인간 집단들의 투쟁

비베이루스 지 카스트루가 프랑스 철학자의 유명한
문구[1]를 인용하며 말하듯, 인류학은 "이론 안에서 벌
어지는 인간 집단들의 투쟁"이다. 여기서 일컫는 것
은 북반구 세계의 이론이다. 샌프란시스코에서 프

---

[1]   "철학이란 이론 안에서 벌어지는 계급들의 투쟁이다"라는 알튀세
르의 문장을 말한다. 비베이루스 지 카스트루는 이 문장을 인용하며 "인
류학이란 이론 안에서 벌어지는 인간 집단들(식민 지배자와 피지배자)
의 투쟁"이라고 말한다. Eduardo Viveiros de Castro, "Aucun peuple
n'est une île"(trad. Oiara Bonilla), Pierre Le Roux & Tiziana
Manicone & Nastassja Martin & Geremia Cometti eds., *Au seuil
de la forêt: Hommage à Philippe Descola: L'anthropologue de la
nature*, Tautem, 2019.—옮긴이

랑크푸르트(그리고 파리)를 거쳐 캄차카반도까지 이어지는 세계, 즉 소니 라부 탕시가 "카니발로마나지 Cannibalomanasie"[2]라고 불렀던 세계의 이론 말이다. 이론 안에서 벌어지는 인간 집단들의 투쟁이란 인간 집단 **사이의** 투쟁을 이론 안에 도입한 것이 아니다. 식민 지배자가 피지배 집단과 대결시키는 공동체는, 로베르 졸랭Robert Jaulin의 표현을 빌리자면 "부정적이고 탈문명적인 공동체"일 뿐이다.[3] 이는 패배한 공동체이고, 이것의 핵심은 자신에게 낯선 모든 문명에 대립한다는 데 있다. 또한 그것은 처음부터 자기 자신의 쇠퇴를 드러낸다.[4] 그런 공동체는 하나의 인간 집단이라 할 수 없으며, 결국 엄격한 의미의 '공동체'도 아니다. 이런 이유에서 이론 안에서 벌어지는 인간 집단들의 투쟁은 이론 그 자체, 즉 이론이 가진 이상화, 탈현

2   Sony Labou Tansi, *Encre, sueur, salive et sang*, Seuil, 2015, p. 92.

3   Robert Jaulin, *La paix blanche*, 10/18, 1974.

4   식민 피지배자들에게 '포위당한' 식민 지배자 공동체에 관해서는 다음 책들을 참고하라. Ghassan Hage, *White Nation: Fantasies of White Supremacy in a Multicultural Society*, Routledge, 1998; Ghassan Hage, *Alter-Politics: Critical Anthropology and the Radical Imagination*, MUP Academic, 2015.

실화, 탈공동체화, 탈문명화 권력을 겨냥한다. 철학의 식민성을 사유한 카메룬의 철학자 파비앵 에부시 불라가Fabien Eboussi Boulaga의 표현을 빌리자면, 이론은 식민적 "힘의 비밀", "힘의 힘"을 구성한다.[5]

비베이루스 지 카스트루가 속해 있는 현대 인류학의 존재론적 전환이 핵심으로 삼는 것은 일종의 반성이다. 이 반성의 가장 가시적인 효과는 자연과 문화의 구별에—졸랭은 이 구별에서 '백인들의 관념'을 발견한다—의문을 제시하는 것으로 나타난다. 마틴 홀브라드Martin Holbraad와 모르텐 악셀 페데르센Morten Axel Pedersen이 지적했듯,[6] 그러한 반성 전체가 인류학적 범주의 유럽중심적 성격을 향한 비난에 기초한다. 인류학자들은 그런 범주에 따라 인간 집단들의 문화를 발명한다. 이때 문화란 관습, 규칙, 구조, 논리, 도식, 양식, 사유, 믿음, 친족관계, 언어 등의 집합이라는 형태를 취한다. 이런 형태에 따라 비문명도 자신의 문화를

5   Fabien Eboussi Boulaga, *La crise du Muntu: Authenticité africaine et philosophie*, Présence Africaine, 1977, p. 35.
6 Martin Holbraad & Morten Axel Pedersen, *The Ontological Turn: An Anthropological Exposition*, Cambridge University Press, 2017.

발명하고, 스스로 문화로서 발명될 수 있다. 비베이루스 지 카스트루의 인류학이 수용되는 모든 방식에 맞서, 즉 그의 인류학에서 유럽 아카데미의 사변적·문화적 역량을 재충전할 기회를 찾으려는 수용 방식에 맞서 방금 말한 사실을 식민 지배 이후의 맥락에서 상기하는 것이 중요하다. 소니 라부 탕시의 언어로 계속 말하자면,[7] 식민 지배 이후의 맥락이란 자신의 세계 지배가 발생시킨 문제들을 해결할 역량이 없는 유럽적 사유가 스스로의 명백한 어리석음을 더 이상 숨길 수 없는 상황을 말한다.

탈식민적 마라케[8]

인쇄된 책 안에서 성장한 사람, 즉 책에 길든 사람이 책을 통하지 않고 책에서 벗어나기는 어려울 것이다.

[7]   Sony Labou Tansi, *Encre, sueur, salive et sang*, p. 117 이하.
[8]   이 섹션의 일부는 다음 텍스트의 한 부분을 가져와 수정한 것이다. Jean-Christophe Goddard, "Notes sur La chute du ciel par un lecteur blanc", *La bête et l'adversité*, Mētis Presses, 2017.—옮긴이

영국의 인류학자 팀 잉골드Tim Ingold는 《선: 간략한 역사Lines: A Brief History》(2016)에서 인쇄된 책에 대한 뛰어난 묘사를 보여준 다음, 그것이 살아 있는 텍스트의 짜임새를 망각하게 만든다고 비난한 적이 있다. 인쇄된 책은 무기와 식민적 개념의 힘을 통해 무지無知의 지배력을 지구의 표면 대부분으로 확장해왔다. 오로지 어떤 한 권의 책, 유일무이한 어떤 책만이 인쇄된 책의 참담한 인식 체계에 대한 집착에서 우리를 벗어나게 해줄 수 있다. 2010년에 출간된 《하늘의 추락》이 그런 책이다. 야노마미의 리더이자 샤먼인 다비 코페나와는 프랑스 인류학자 브뤼스 알베르의 언어를 통해 그 책을 완전히 일인칭으로 썼다. 《하늘의 추락》은 (적어도 21세기 초까지는) 서구 세계에 대한 '원주민적 비판'을 다룬 가장 중요한 책 중 하나다.[9] 대서양 식민 질서의 바탕을 이루는 문명적 구별과 단절하며 세계들을 번역한 몇몇 위대한 여행가들의 협업 덕분에, 역설적으로 그 원주민적 비판은 17세기부터 지금까지 이어져

9   Davi Kopenawa & Bruce Albert, *La Chute du ciel: Paroles d'un chaman Yanomami*, Plon, 2010.

온 유럽 사상사에 영향을 미치게 될 것이다.

《하늘의 추락》이 책에 대한 환상에서 벗어나게 해 주는 유일한 책인 이유는 단순히 다음의 사실에 있다. 즉 인쇄된 책이 조용하고 사적인 독서를 통해 질식시키려고 하는 목소리에 관해 그 책은 큰소리로 말한다. 유럽의 식민화 역사 초기부터 원주민 집단들을 다루는 인류학이 실행되었다. 식민화를 수행한 것은 도시화된 인간이고, 모로코의 작가 드리스 슈라이비Driss Chraïbi가 말하듯 그 인간은 자신이 살아 있지 않아서 글을 쓰기 시작한다. 그리고 글을 쓰지 않는 인간, 숲과 사막과 정원의 인간, 살아 있는 인간에 관해 쓴다. 원주민적 비판은 그런 유럽의 인류학을 구어적·정서적·실천적 인류학으로 대체한다. 이런 인류학을 끌고 가는 유일한 요인은 식민주의에 의한 충돌, 그리고 백인에 대한 원주민의 비판이다(이 비판은 원주민이 백인을 치료하는 효과도 발휘한다). 그 인류학은 백인의 인류학을 전복시키는 발언이다. 이 발언을 진정으로 받아들이려면, 오로지 듣고 생각 속에만 간직해야 한다. 하늘과 숲에 사는 존재자들의 발언이 멀리서 들려올 때, 야노마미인들이 자신들이 '말한 것을 결코 그림으로 그리지 않는 것'처럼 말이다.

《하늘의 추락》은 책으로 읽힐 수도, 다른 어떤 책의 주제도 될 수 없다는 점에서 예외적인 책이다. 그 책이 보여주는 역-인류학의 도움을 받는다면 새로운 철학에 관해 어떤 글을 **쓸 수 있을지** (그리고 출판될 수 있을지) 묻는 이들이 있는데, 이는 독특하면서도 어리석은 질문이다. 자신이 가진 독특한 성향에 대한 판단 능력이 없는 무지한 자의 질문이기 때문이다. 그는 더 이상 살지 않겠다는 기이한 성향을 가지고 있고, 이러한 성향은 백인 세계에 관한 원주민 인류학의 고유한 대상이 된다. 이 모든 것이 인식론적 비양립성을 가리킨다. 글로 쓰여서 인쇄된 철학의 핵심은—적어도 유럽 식민 지배자의 언어 중 하나로 인쇄된 근대 철학의 경우에—원주민적 비판의 목소리를 침묵시키는 데 있기 때문이다.

또한《하늘의 추락》은 앞으로 일어날 일을 경고하는 경종이 아니다. 전쟁은 이미 오래전에 선언되었다. 그 전쟁은 비베이루스 지 카스트루가 케임브리지 강연에서 언급한 '존재론적 전쟁'이라는 행위,[10] 즉 진정한 '세계들의 전쟁' 또는 실재들의 전쟁이다.[11] 이 전쟁은 중세 말─즉 '근대인'들이 중세라는 것을 발명했을 때─유럽과 그 밖의 모든 곳에서 교회와 권력자들에 의해 선언되었다. 그 전쟁의 대상은 원주민 집단들, 프롤레타리아, 주류 질서에 반대하는 자들, 여성, 그리고 교회와 권력자에게 낯선 것들, 즉 물질/정신, 인간/비인간의 분리를 따르지 않는 능동적인 대상과 개별체entity들이다. 이 전쟁은 결코 멈추지 않았고, 제국의 역사에 녹아들어갔다. 대학의 '존재론 연구자들' 사이의 갈등과는 무관한 이 존재론적 전쟁은 생명을 빼앗고, 신체를 범하고, 죽이고, 모욕하는 실제 전쟁이다. 사람들은《하늘의 추락》을 펴보기도 전에, 이 책 표지에 실린 다비 코페나와의 사진에 주목하게 될 것이다. 그는 그 사진에서 마체테machete[12]로 무장하고 있고, 그의 얼굴과 몸은 전쟁을 위해 검게 칠해져 있다. '코페나와'는 분명 전쟁의 이름이기 때문이다. 그

10   Eduardo Viveiros de Castro, "Who Is Afraid of the Ontological Wolf?: Some Comments on an Ongoing Anthropological Debate", *The Cambridge Journal of Anthropology* 33(1), 2015, pp. 2–17.

11   Ghassan Hage, *Alter-Politics: Critical Anthropology and the Radical Imagination*, MUP Academic, 2015.

12   벌채에 쓰는 커다란 칼.─옮긴이

것은 최초의 위대한 전사의 피를 먹고 자란 '코페나kopena' 말벌의 공격적인 영혼을 지칭하는 이름이다. 그의 '사피리xapiri'[13] 영혼이 '다비'라는 이름에 코페나라는 이름을 붙여준 것은 '(그가) 백인에 맞설 기세를 가지고 있기 때문'이었다.[14]

《하늘의 추락》을 읽으면서, 말벌떼의 공격을 받지도, 쏘이지도, 독에 중독되지도 않은 사람은—따라서 감염되지 않고 백인과의 전쟁에 익숙해지지 않은 사람은—이론 안에서 벌어지는 인간 집단들의 투쟁에 관해 아무것도 모를 것이다. 탈식민적 해방은 이러한 '마라케maraké'[15]를 통해 이루어진다. 《하늘의 추락》은 루도빅 피에르Ludovic Pierre가 말한 "우리는 같은 언어, 같은 역사, 같은 건강을 지니고 있지 않다"에 전투

---

13 야노마미의 세계에서 사피리는 태초에 등장한 이미지로서의 존재자들로, '영혼' 혹은 '정신'으로 번역할 수 있다. 그들은 매우 빛나는 색색가지의 장식이나 그림으로 꾸며진 작은 인간의 모양을 하고 있다. 샤먼들은 사피리를 불러올 수 있으며, 야노마미 지역 동부에서는 사피리를 복수형으로 써서 샤먼을 지칭하기도 한다. Davi Kopenawa & Bruce Albert, *La Chute du ciel*, p. 41, n. 4. —옮긴이

14 Ibid., p. 53.

15 마라케는 아마존 원주민 사회에서 행해지는 성인식initiation ritual의 하나이다. —옮긴이

적 의미를 부여한다.[16] 그 책은 유럽 인류학의 비대칭적 관계를 뒤집으며 접촉의 인류학이라는 형식을 취한다. 접촉의 인류학은 식민 역사 안에서 서로 마주했던 인류들 사이의 엄격한 양립 불가능성에 초점을 맞춘다. 그것은 전투의 인류학이기도 한데, 이 인류학이 가진 비판적 차원이 가장 중요하다. 이런 사실을 잊은 채, 백인 형이상학자들은 그런 비판적 차원을 자기 책의 주제로 삼을 수 있을 것이라고 상상하곤 한다. 그 형이상학자들의 책이 드러내는 가장 주요한 특징은 유럽 학문의 지식을 승인한다는 점, 그리고 이론 안에서 벌어지는 인간 집단들의 투쟁이 이미 이론 안에서 그 집단들 없이 일어났다고 믿게 만든다는 점에 있다. 즉 주로 독일-프랑스 전통의 주제만 다루는 내적 투쟁의 형태로 이미 일어났다는 식이다. 이런 내적 투쟁은 근대성의 역사에 붙어 있는 다양한 사유의 흐름을 이론 안에서 벌어지는 인간 집단들의 투쟁에 대립시

---

16 루도빅 피에르는 프랑스에서 공부하는 칼리나 출신 학생이다. 고다르는 자신의 다른 글에서 그의 발언을 인용한 적이 있다. Jean-Christophe Goddard, "Guyane: Montagne d'Or & résistances amérindiennes", *Multitudes* 68(3), 2017, pp. 3-9. —옮긴이

킨다. 그러나 코페나와가 제시하는 아마존의 역-인류학이 가장 먼저 겨냥하는 것이 바로 유럽의 지적 실천이 의존하는 문자표기 경제scriptural economy 그 자체다.

껍질 벗기기와 텍스트화

숲은 거주 가능한 세계이자, 야노마미인들이 '우리히urihi'라고 부르는 사회적 요소socius다. 코페나와에 따르면, 백인들napё이 모든 종류의 채굴 활동, 무엇보다 광산 채굴을 통해 숲을 끊임없이 파괴하는 주된 이유는 다음과 같다. "자신이 말한 것을 나타낸 그림에 시선을 고정하고, 종이 껍질에 붙어 있는 그 그림을 자기들끼리 돌려보는 것을 멈추지 않기 때문"이다.[17] 그종이 껍질은 "이미지 껍질utupa siki" 같은 것이다.[18] 그들

---

17 Davi Kopenawa & Bruce Albert, *La Chute du ciel*, p. 612.
18 야노마미인들은 그림과 글씨가 인쇄되어 있는 백인의 종이를 '이미지 껍질'이라고 부른다. 여기서 '껍질'로 번역한 'siki'는 '피부', '가죽', '껍데기' 등을 모두 의미할 수 있다. 코페나와는 이미지 껍질이라는 개념을 통해 인쇄된 책의 형태로 드러나는 백인의 사고방식을 비판한다. Ibid., p. 42, n. 8.—옮긴이

은 이런 식으로 "그들 자신의 생각만을 탐색하고, 그들 자신의 내부에 있는 것만을 알게 된다". 또한 그들은 "다른 사람과 다른 장소에서 들려오는 말, 즉 먼 곳에서 들려오는 말에 무지"하고, 오로지 그들 자신에 관한 꿈만 꾼다. 책이란 필연적으로 자기 자신만을 바라보며, 기본적으로 낯선 존재에 적대적(제노포비아적)이다. 이는 다음의 의미에서 그렇다. 책은 여행자들의 끝없는 대화를 대체하고, 대지(지구)를 자기 신체로 삼는 이들이 구성되는 과정에 참여하는 하늘과 숲의 존재자들이 보고 듣는 것을 대체한다. 책은 자신을 쓴 저자와 자신을 읽을 줄 아는 이들의 생각에 낯선 것을 전혀 알지 못하고, 받아들이지도 않는다.

'이미지 껍질'은 강력한 비판적 개념이다. 일단 그것은 단순히 "백인들이 종이라고 부르는 것"을 지칭하며, 더 정확하게는 '종이'라는 말의 애매한 번역이다.[19] 엄밀히 말해, 숲에는 종이가 없기 때문이다(종이

---

19 애매한 번역은 아마존 다자연주의의 특징이다. 애매성이란 같은 기호가 서로 다른 자연 또는 실재에서 전혀 다른 것을 지칭하는 상황을 말한다. 에두아르두 비베이루스 지 까스뜨루, 《식인의 형이상학》, 309~311쪽. ─ 옮긴이

는 숲을 파괴해야만 만들 수 있는 것이다). '이미지 껍질'은 전혀 양립할 수 없는 두 가지 어휘 분야에 속하는 두 용어를 혼합한다. 선조들의 샤머니즘적 '영혼'(사피리) 또는 '유령'에 관련된 '이미지utupë'라는 용어(샤먼이 향정신성 식물 '야코아나yãkoana'를 섭취하면, 빛나는 인간의 모습을 한 그 영혼의 이미지를 춤추고 노래하게 만들 수 있다), 그리고 '껍질siki'(피부, 가죽)이라는 용어가 바로 그것이다. 피부 껍질에는 추상적인 장식 그림만을 그릴 수 있다. 이런 그림의 목적은 껍질의 '추함'과 '회색빛'을 감추는 데 있다. '이미지 껍질'이라는 표현은 비판적 '의미의 폭풍'을 불러일으키는 요루바yoruba인의 '거꾸로 된 말'과 비슷하다.[20]

샤머니즘적 영혼의 이미지들은 숲에 거주하는 자와 숲을 구성하는 자들의 살아 있는 이미지다.[21] 이때 숲이란 (단순한 물리적 환경이나 자원이 아니라) 야노마미

---

[20] Tobie Nathan & Lucien Hounkpatin, *La parole de la forêt initiale*, Odile Jacob, 1996, p. 153.
[21] 야노마미인이 말하는 '이미지'는 우리가 일상적으로 사용하는 의미의 이미지와 다소 다르다. 즉 이들에게 이미지란 어떤 것을 시각적으로 재현, 모방, 표현한 것이 아니라, 그 자체로 살아 있는 존재자다. 앞서 말했듯, 사피리가 바로 이 이미지-존재자에 해당한다. ─옮긴이

의 인간성을 보장하는 사회적 좌표 체계와 우주론적
교류 체계를 형성하는 것이다.[22] '이미지 껍질'과 동등
한 표현들, 즉 코페나와가 종이를 지칭할 때 사용하는
'나무의 껍질'이나 '숲의 껍질' 같은 표현은 우리히라
는 대지-숲 체계의 생명을 죽여 껍질(가죽)을 벗기는
작업을 함축한다. 이는 종이를 만드는 데 필요한 나무
를 추출하고 기계적으로 으깨는 과정을 통해 이루어
진다. 그리고 숲의 껍질을 벗겨내는 작업은 그 숲이
지켜주는 인간들의 인간성을 파괴하는 행위이기도
하다. 그래서 코페나와가 인쇄된 종이라는 백인의 인
식 체계를 지칭하기 위해 만들어낸 야노마미의 표현/
번역은 그 인식 체계를 적대적 타자성과 관련된 옛 인
물에 연관시킨다. 그는 안데스산맥에서 아마존에 이
르는 지역의 신화에서 흔히 발견되는 인디오 도살자
이자 가죽을 벗기는 살인자 '피쉬타코pishtaco'다. 코페
나와가 이야기하길, 최초의 포르투갈 식민 지배자는
샤머니즘적 기억 속에서 적대적 침략자로 남아 있다.

---

22   Bruce Albert, "L'Or cannibale et la chute du ciel: Une critique
chamanique de l'économie politique de la nature(Yanomami,
Brésil)", *L'Homme* 33(n°126-128), 1993.

그들은 "[숲에 살고 있던 주민들을] 총으로 죽이고, 사냥감을 다루듯 그들의 시체 껍질을 칼로 벗겨 자신들의 지배자에게 가져다주었다".[23] 미셸 드 세르토Michel de Certeau가 《일상의 발명》에서 '껍질을 벗긴다'는 표현을 문자표기 경제의 폭력성과 연결한 것에 주목하자. 그는 양피지, 종이, 책이 신체의 가죽(껍질)에 관한 은유적 대체물일 뿐임을 상기시킨다. 모든 권력이 우선적으로 자신의 법을 새기는 곳이 신체의 가죽이기 때문이다.[24]

엄밀히 말하면, 이미지(즉 샤머니즘적 유령)와 숲은 껍질을 갖지 않는다. 이미지, 유령, 숲은 관계적 개별체들을 지시하거나, 혹은 거주 가능한 세계의 자기창조적이고 관계적인 체계의 집합을 지시하며, 외부성을 갖지 않는다. 또한 그들 자체가 순수한 내부성, 순수한 투명성으로 존재하면서, 불투명한 표면의 가능성 자체를 그저 거부한다. 결국 우리히(숲)의 껍질을 벗기는 채굴경제는 본질적으로 반생태적이다. 그것

23 Davi Kopenawa & Bruce Albert, *La Chute du ciel*, p. 318.
24 Michel de Certeau, *L'invention du quotidien, tome 1. Arts de faire*, Gallimard, 1990, pp. 206-207.

은 샤머니즘적 확실성을 거부하며, 역설적으로 숲의 껍질 그 자체, 껍질로서의 숲 또는 대지를 수립한다. 이런 식으로 살아 있는/살 수 있는 세계의 빛나는 다중 관계적 공간으로서의 내부성은 표면/껍질 아래로 밀려들어간다. 표면/껍질이란 '회색빛' 배경, 동일자로 회귀하는 것, 빈 페이지, 불투명한 지지대, 여러 '그래피'들(즉 지도제작법, 종족지학, 인구학, 종교학, 지형학, 수로학, 사전학, 동물학, 사진술 등)[25]의 '주제subjectum'다. 이것들은 대지-숲에서 착취할 수 있는 물질적 재화를 목록화한다.

'이미지 껍질'은 '이미지'를 오염시키고, 채굴경제와 삼림 공학을 통해 대지-숲을 전복하고, 생태 주거지를 숲에 **관한** 이야기를 모아둔 서재로 환원한다. 그것은 또한 피부 껍질에 장식을 그리는 관습도 왜곡한다. 피부 껍질의 추상적인 그림은 황적색, 검은색, 빨간색 염료를 사용해 그려진다. 이 염료는 '오마마'(숲

---

[25] 'cartographie', 'ethnographie', 'démographie', 'hiérographie', 'topographie', 'hydrographie', 'lexicographie', 'zoographie', 'photographie'. 여기 나열된 분야들의 이름에는 'graphie'가 포함되어 있다. 모두 '쓰기'와 '그리기'를 의미하는 그리스어 '그라포gráphō'에서 유래한 것이다.—옮긴이

과 인류의 창조자)에 의해 '나무 내부로 들어가게 된 것'
이다. 그 추상적인 그림은 "회색빛 피부 껍질의 추함
을 보여주지 않는 것"[26]을 목적으로 하고, 샤머니즘
적 영혼이라는 인간 형태의 이미지가 가진 색깔 장식
을 모방한 것으로 이해된다. 또한 '사피리'가 인간들
에게 가르쳐준 식물들의 사용법을 엄격하게 보여준
다는 점에서 우리히의 생태와 밀접하게 관련되어 있
기도 하다. 그 추상적인 그림은 숲에서 사례를 추출하
면서 '이미지 껍질'과 정반대의 방식으로 **표면을 해소**
하고, 불투명한 표면을 투명하게 만들고, 표면을 환하
게 만드는 경향이 있다. 또한 그것은 표면을 배경이나
'주제'로 생산 및 추출하는 대신, 줄/선들의 복잡한 매
듭과 그물망을 향해 나아가며 표면을 해체하려 한다.
그런 줄/선들이 지시하는 것은 존재자들의 관계적 얽
힘, 강한 관계성이다. 우리히의 외부성 없는 사회-우
주론적 공간이 그런 관계성 안에 머문다. 팀 잉골드
는 인도 남부의 '콜람kolam' 매듭 문양, 그리고 페루 아
마존 지역에 거주하는 쉬피보-코니보Shipibo-Conibo 인

---

26   Davi Kopenawa & Bruce Albert, *La Chute du ciel*, p. 614.

디오의 그림과 자수가 보호 기능을 갖는다고 설명하는데, 그 기능의 핵심이 바로 표면을 해소하는 과정이다.[27] 이 과정은 텍스트 생산과정의 대칭적 뒤집기다. 이동 경로와 산책의 순수한 선들, 즉 비식민적 방식으로 (점유하지 않는 방식으로) 공간에 거주하는 것의 특징으로 나타나는 그러한 선들을, 텍스트 작성은 흔적들과 일종의 기입記入 체계로 변형한다. 이 체계 안에서 기입은 기억에 관련되고, 조각나 있고, 누적되고, 선과 점이 잇따르는 형식으로 조합된다. 이렇게 해서 텍스트 작성은 표면을 **태어나게 만든다**.

그래서 엄밀히 말하자면, 종이 위에 쓰인 것의 흔적(글을 구성하는 줄들에 의한 의미의 개별화)은 종이 **위에서** 일어나는 일이 아니라, 의미를 부여하는 실천으로서 종이의 표면이 존재하도록 만드는 일이다. 또한 이는 표면을 규정되지 않은 우중충한 배경, 모든 규정으로부터 절대적으로 자유로운 배경으로 만든다. 쓰인 사유, 고정된 관념, 개별화된 의미는 자신과 함께 그런 배경을 끌고 다닌다. 그 배경은 항상 심연의 불

27   Tim Ingold, *Lines: A Brief History*, Routledge, 2016, pp. 57-59.

투명함 속으로 흡수될 위험에 처한다. 표면의 탄생은 이렇게 역설적으로 야노마미의 세계 내에서 알려지지 않은 위험, 즉 새로운 위험을 가져온다. 이는 밑바닥의 붕괴 및 일반화된 쇠약의 위협이고, 표면 내부의 존재 자체를 쇠약하게 만드는 위협이다. 우리히(생존-주거-체계 또는 우리히의 인식론) 전체가 그런 위협을 쫓아내지 않을 때, 또한 우리히가 위협이 생겨나는 것을 불가능하게 만드는 수단으로 작동하지 않을 때, 그것은 진정한 위협이 된다.

다른 한편, 앨프리드 겔Alfred Gell은 액막이 문양을 해석하는데,[28] 그 해석의 요소 대부분이 '이미지 껍질'의 그림에 훌륭하게 적용될 수 있다. 액막이는 끊임없이 정신을 사로잡고, 자신에게 시선을 고정시키고, '뒤얽혀 있는' '건망증적' 사유를 표현하고 늘려가며, 강력한 접착력을 가진 위상학적 덫으로 기능한다. 액막이의 의도 전체를 추적할 수 없다는 사실에서 발생하는 인지의 차단과 매혹에 의해, 그 덫은 사유를 끈

---

28   Alfred Gell, *Art and Agency: An Anthropological Theory*, Oxford University Press, 1998, pp. 83-84.

끈하게 붙잡아놓을 수 있다. **접착력**과 **수수께끼**라는 두 가지 특성이 곧 인쇄된 사고, 즉 텍스트의 인식론을 구성하는 요소다. 물론 여기서 문제는 악마를 덫에 가둬 문턱(집, 신체, 피부 껍질의 문턱)을 넘지 못하도록 하는 것이 아니다. 표면을 넘어가는 것을 금지하고, 넘을 수 없는 문턱을 유지하는 것이 필요하다면, 이는 그런 넘어감이 대지-숲의 세계, 수수께끼 없는 세계, 선으로 연결되어 있고 빛나는 세계를 향해 표면을 해소할지도 모르기 때문이다. 대지-숲이란 인간과 비인간, 살아 있는 자와 죽은 자의 자유로운 공동체를 형성하는 사회-우주론적 관계의 집합이다. 이런 의미에서 덫은 악마를 막기 위한 것이 아니라, 그 자체로 악마적인 것이다. 덫은 방어용 방패가 아니라, 주술적 포식을 위한 강력한 장치다.

'이미지 껍질'이라는 역-인류학적 개념이 가진 비판적 역량은 매우 중요하다. 실제로 그것은 우리가 집착하는 가장 소중한 인식 체계의 핵심을 겨냥할 수도 있다. 하이데거가 인간의 자유에 관한 셸링의 글을 다루며 언급했듯, 철학 텍스트는 항상 덜 분명하고, 덜 투명하고, 자신의 수수께끼를 순결하게 유지하는 조건에서만, 즉 완전히 이해될 수 없는 조건에서만 그 텍스트 자체로 해석될 수 있는 특징이 있다.[29] 하이데거를 읽지 않고 철학에 입문한 학생도 이 사실을 완벽히 알고 있다. 눈앞에 놓인 텍스트에서 '철학적 흥미'를 뽑아내라는 명령이 의미하는 바는 텍스트의 의미를 지극히 비규정적이고, 불분명하고, 문제적인 것으로 만들라는 것이다. 여기서 철학 텍스트에 대한 접착력(흥미)은 수수께끼의 정도에 명백히 비례한다. 들뢰즈와 과타리가 《철학이란 무엇인가?》에서 매우 훌륭하게(그리고 명쾌하게) 표현한 것처럼, 철학 텍스트는 오로지 "흥미로운 것, 주목할 만한 것 또는 중요한 것이라는 범주에서 영감"을 받는다.[30] 철학 텍스트는 자신만이 가진 매력으로부터 철학적 일관성을 끌어낸다. 이런 맥락에서 철학 텍스트는 유럽 정치권력의 영향력 내에서 장려/제도화된다. 철학 텍스트는 텍스트화textuation라는 존재론적 실천의 기대를 매우 훌륭하게

29 Martin Heidegger, *Schelling: Le traité de 1809 sur l'essence de la liberté humaine*, Gallimard, 1977, pp. 232-233.

30 Gilles Deleuze & Félix Guattari, *Qu'est-ce que la philosophie?*, Les Éditions de Minuit, 1991, p. 80.

충족하기 때문이다. 명령, 기획, 개혁, 계획, 법률 따위의 텍스트가 수행하는 반생태적 포식의 원형이 바로 철학 텍스트다. 코페나와가 지적했듯, 이런 텍스트들은 숲을 보호한다고 자임할 때조차 '쓰러진 나무들의 껍질', 즉 '이미지 껍질' 위에 기록된다.

"우리의 언어는 아름답고, 분명히 살아 있다"

파우마리어 경연대회 (1)[1,2]

오야라 보니야

1   2016년부터 여러 자리에서 파우마리어 경연대회에 관한 발표를 해왔다. 이 텍스트는 그 발표문들을 수정한 것이다. 가장 최근에는 2023년 3월 볼로냐대학 번역 및 통역학과에서 조직한 콘퍼런스 '감정: 느끼기, 말하기, 번역하기Emozioni: sentirle, parlarne, tradurle'에서 발표했다. 이 행사에 초대해준 그레타 자노니Greta Zanoni와 세레나 주케리Serena Zuccheri, 콘퍼런스에 참가해 의견을 준 조엘Joel, 이지우송Edilson, 마리아 파우마리Maria Paumari, 번역에 도움을 준 길헤르메 두아르테Guilherme Duarte, 이 텍스트를 풍부하게 해준 브루나 프랑케토Bruna Franchetto, 텍스트를 읽고 교정해준 에블린 제이콥스Eveline Jacobs에게 진심으로 감사드린다. 또한 지난 4년간 이 주제에 대해 열띤 토론을 벌인 서울대학교 '탈식민적 인류학' 연구팀에도 감사의 인사를 전한다. 이 텍스트에 오류나 부정확한 내용이 있다면, 전적으로 내 책임이다.

2   이 글은 두 편으로 구성되어 있다. 이 책에는 전편을 번역해 수록했으며, 후편은 조만간 출간될 후속 시리즈《삶은 무용하다》(가제)에 수록할 예정이다. 후편에서는 파우마리어 경연대회의 구체적 진행 방식, 대회 중간에 삽입된 전통의식, 춤, 노래의 세부 형식과 내용 등을 소개하며, 이 경연대회가 공동체에 미친 영향과 실질적 성과도 분석한다. —옮긴이

지금부터 나올 이야기는 오래전의 푸루스강 유역에서, 더 정확하게는 강 중간 지점에서 시작된다. 그곳에는 파우마리Paumari인들이 살고 있다. 이들은 브라질 아마존 남서부의 범람 지대와 호수에서 물고기잡이로 살아가는 토착민 집단이다. 17세기부터 식민화의 물결이 이어져온 이 지역에서 이 이야기는 꽤 흔하다. 그 물결을 움직이는 것은 탐욕, 그리고 소위 '문명화된' 모든 인간이 지구(대지) 위에 살아가는 이유는 오로지 부와 이익을 뽑아내는 데 있다는 끈질긴 확신이다. 남미 대륙이 발견된 이후 오늘날까지, 바로 그러한 고정관념이 아마존에서 계속 새로운 방식으로 전개되고 있는 채굴경제의 전선을 움직이고 있다.

이 이야기는 오래전에 '이야기들을 들려줄 수 있는' 노인들이 파우마리어로 들려주던 것이다. 오늘날 파우마리 교사들은 이 이야기를 학생들에게 포르투갈어로 들려준다. 이 사건은 '옛사람의 시대bodakari'에 일어났는데, 파우마리인의 기억에 따르면 자라Jara(비토착민을 말하며, 나는 백인과 근처 지역의 주민도 이렇게 부르고자 한다)인들이 자신의 범선, 증기선, 상품, 음식, 기계, 무기, 언어를 가지고 파우마리인의 지역에 상륙한

순간 그 시대는 끝났다고 한다. 파우마리인은 '옛사람의 시대'가 끝난 것이 '오로바나Orobana'의 도착 때문이라고 본다. 오로바나는 '주인의 시대'[3]를 열었던 신화적 인물이다.[4]

이 인물은 아마도 푸루스강 탐사와 그 이후의 점령 과정에서 중요한 역할을 했던 역사적 인물인 마노엘 우르바누 다 엥카르나상Manoel Urbano da Encarnação의 신화적 변형일 것이다. 그는 인디오와 백인의 혼혈이고, 마나우스시 출신이며, 뱃사공이자 탐험가였다. 지역 관리가 그를 푸루스강 공식 탐사대에 동행하도록 했던 것으로 보이는데, 이 탐사대의 목적은 그 외진 지역에서 생산된 파라고무나무hevea를 대서양과 유럽에 판매하기 위해 강을 탐험하고, 적대적인 원주민들과 "평화로운 관계를 만들고", 그 강과 마데이라강 사이를 연결할 방법을 모색하는 데 있었다.[5]

---

3 여기서 '주인patron'이란 고무 채취를 위해 원주민을 강제로 동원하고, 거기서 비롯된 부를 축적했던 우두머리들을 말한다.—옮긴이

4 Oiara Bonilla, "The Skin of History: Paumari Perspectives on Conversion and Transformation", *Native Christians: modes and effects of Christianity among Indigenous people of the Americas*, A. Vilaça & R. M. Wright eds., Ashgate Publishing, 2009, pp. 127-145.

고무 붐에 이끌린 자라인(백인)들이 이 지역에 대
규모로 몰려들어 질병과 전염병을 퍼뜨리고, 유혈 충
돌을 빈번히 일으키는 동안, 파우마리인은 샤먼들의
능숙함과 유능함 덕분에 침략자로부터 자신들을 지
켜냈다. 그래서 마노엘 우르바누, 즉 신화 속의 오로
바나는 '평화를 만드는 자'로 파견되었다.[6]

(……) 배들은 계속 떠났지만, 마나우스시로 돌아오
지 않았다. 지역 관리는 걱정했다. 우리에게는 티샤샤
Titxatxa 할아버지라는 매우 강력한 샤먼이 있었다. 그는
날아다니는 물고기로 변신하고, 날카로운 주둥이로
배의 표면을 뚫을 수 있었다. 그가 배들을 하나하나 무
자비하게 침몰시켰기 때문에, 배들이 도시로 돌아오
지 않았던 것이다. 또한 그는 적과 백인들을 어떤 작은
생물로든 바꿀 힘이 있었다. 지역 관리는 우리를 찾기

---

5   Oiara Bonilla, *Des proies si désirables: Les Paumari d'Amazonie
brésilienne*, Presses Universitaires du Midi, 2022, pp. 69-77.
6   '평화적 관계를 만들기' 위해 탐험을 떠나는 이를 일컫는 '평화를 만
드는 자pacificateur'는 브라질에서 흔히 사용되던 용어다. 이들은 토착민
집단과 접촉해 그들을 강제노동, 기독교, 법 등에 종속시키려 했다.
그런 식으로 브라질 내륙의 식민화 전선을 향한 통로를 열었다.

위해 오로바나를 보냈고, 그가 접촉해야 할 인디오들은 잔인하고 타협을 모르는 이들이라고 경고했다.

며칠 후, 지역 관리가 고용한 자들이 배에 상품을 싣는 동안 오로바나는 자신이 없을 때 아내가 먹을 것을 남겨두기 위해 아내와 함께 사냥에 나섰다. 그들은 숲에서 온종일을 보냈지만, 사냥감을 하나도 잡지 못했다. 그런데 갑자기 오로바나는 '무툼mutum'[7] 새가 나뭇가지에 앉아 '윙윙윙, 윙윙윙' 하고 노래 부르는 것을 들었다. 그는 자신의 총을 휘둘렀지만 쏘지는 못했다. 새는 다른 나뭇가지로 날아갔고, 한 가지에서 다른 가지로 계속해서 날아다녔다. 그러다 새가 마지막으로 멈춘 나뭇가지가 갑자기 어떤 집의 지붕으로 변했다. 오로바나가 다시 총을 쏘려고 하자, 어떤 남자의 목소리가 울려 퍼졌다. "제발 쏘지 마세요. 저 새는 우리 가족의 동물입니다." 큰 두려움을 느낀 나머지, 오로바나는 즉시 총을 내려놓았다. 그 목소리의 남자는 오로보나를 자기 집으로 초대했다. "이리 오시오, 오로바나.

---

[7] 보관조과 닭목에 속하는 중대형 새. 긴 꼬리가 있고, 주로 수목에 서식한다.

이야기나 좀 합시다." 그 남자는 자기 아내에게 손님들을 위한 커피를 만들어달라고 부탁했다.

그 남자는 커피를 마시고 나서 갑자기 파우마리어로 말을 하더니, 우리 파우마리인에 관한 이야기를 오로바나와 그의 아내에게 들려주었다. 그리고 마지막에 이렇게 말했다. "오로바나, 이 인디오들은 잔인하지 않고 친절합니다. 그들을 공격하고, 죽이고, 당신들을 위해 강제로 일하게 만든 것은 오히려 당신 백인들입니다. 그래서 그들은 복수를 하고 있는 것입니다. 그들에게는 바도리 티샤샤Badori Titxatxa라는 이름의 강력한 샤먼이 있지요." 오로바나는 그 순간 파우마리를 이해하게 되었다! 그사이 그 남자의 부인은 오로바나의 아내에게 파우마리 방식으로 돗자리 짜는 방법을 알려주고 있었다. 이 돗자리는 오로바나의 작은 배를 보호하는 덮개 역할을 해줄 것이었다. 사실 커피를 마시고 나자, 오로바나와 그의 아내는 파우마리어를 유창하게 구사할 수 있었던 것이다.[8]

---

8   이 신화에서 커피는 파우마리어를 알려주는 마법적 장치로 기능한다. ─옮긴이

그 남자는 오로바나에게 마을에 조심스럽게 접근하는 방법도 알려주었다. 오로바나와 그의 아내가 떠날 때, 그 남자는 사냥한 고기 조각을 오로바나가 원하는 대로 모두 가져가도록 해주었다. 사람들은 그 남자가 사냥감의 지배자였다고 말한다. 며칠 후 오로바나는 그의 일행과 함께 푸루스강의 둑에 도착한 다음, 그 남자가 알려준 방식을 따라 마을에 접근했다. 파우마리 사람들은 마치 먼 친척처럼 그를 따뜻하게 환대했다.

그날 저녁 그는 돗자리 위에서 잠들었지만, 공산품 담요 안에 웅크리고 있어 마을 사람들의 주의를 끌었다. 그는 다음 날 아침 또 다른 실수를 저질렀다. 강변으로 가서 작은 솔로 이빨을 닦은 것이다. 그는 정체를 드러내고, 자신이 파우마리인이 아니라는 사실을 인정해야 했다. 그리고 사냥감의 지배자의 도움으로 파우마리어를 배웠고, '평화를 만들기 위해' 그곳에 왔으며, 그들과 교류하고자 하는 지방 관리가 자신을 보냈다고 인정했다.

오로바나는 파우마리인들에게 이렇게 말했다. "들어보세요. 저는 당신들을 알기 위해 이곳에 왔습니다. 우리는 당신들을 쫓거나 죽이려는 것이 아닙니다. 당신들이 내게 물고기를 주면 좋겠습니다. 이 '생산물'을 지방 관리에게 가져다주고, 당신들이 잔인하지 않다는 사실을 그가 알도록 말입니다." 그래서 마을 남자들은 모두 낚시를 하러 호수에 갔다. 그들은 물고기와 거북이를 잔뜩 가져와 배의 화물칸을 가득 채웠다. 오로바나는 그 대가로 그들에게 온갖 종류의 공산품을 나누어주었고, 더 많은 것을 가져오겠다고 약속했다. 우리는 아주 행복했다. 우리는 모기장, 담요, 칼, 금속 냄비 등을 얻었고, 좋은 옷을 입기 시작했다. 하지만 또한 우리는 술을 알게 되었고, 포르투갈어를 말하며 백인들과 함께 살기 시작했다.[9]

이야기는 계속된다.[10] 그때부터 오로바나는 정기적으로 직물(특히 모기장을 만드는 데 사용되는 직물), 무기와 탄약, 식료품(소금, 설탕, 커피, 카사바 가루), 금속으로 된 가재도구 등의 상품을 가져와 물고기, 거북이는 물론 식물성 기름, 고급 목재, 쿠마나무 및 파라고무나

---

9 이 버전의 신화는 2001년 현지 연구 중에 만난 파티마 파우마리 Fátima Paumari가 내게 들려준 것이다.

무" 유액과 같은 삼림 생산물과 교환했다. 이런 식으로 파우마리인들은 백인들과 교역을 하고, (모기장과 의복 덕분에) 벌레로부터 자신을 보호하고, 해먹에서 잠을 자고, 포르투갈어로 말하기 시작했다. 이 지역의 다른 원주민들에 따르면, 파우마리인은 포르투갈어와 상업 및 협상 기술을 습득하면서 '인디우스 만쑤스 índios mansos', 즉 온순한 비야생인이 되어갔다.[12]

이런 식으로 고무와 주인들의 시대가 시작되었다. 그들은 솔리몽이스강의 다른 지류들과 푸루스강 전체를 지배했고, 그곳의 주민 전체를 강제로 채취 작업에 동원하며 공포가 그 지역에 군림하도록 만들었다.

[10] 1862년 마노엘 우르바누 다 엥카르나상이 푸루스강 탐험을 떠날 때, 기술자인 주앙 마르친 다 시우바 코칭유João Martins da Silva Coutinho 와 동행했다. 이 인물은 그 지역과 파우마리에 관한 귀중한 종족지학적 기록을 남겼다. 그의 보고서 중 하나에 따르면, 마노엘 우르바누는 파우마리 어린이 한 명을 입양했는데, 이 신화의 나머지 부분에 나오는 내용과 그 기록은 완전히 일치한다. J. M. Silva Coutinho, "Relatório da exploração do Rio Purús"(1863), *Relatório Apresentado na abertura da 2ª sessão da Assembléia Legislativa da Província do Amasonas,* Manaus, p. 72; Oiara Bonilla, *Des proies si désirables*, pp. 70-73.

[11] 이 두 나무의 학명은 각각 'Couma macrocarpa', 'Hevea brasiliensis'다.

[12] Oiara Bonilla, *Des proies si désirables*.

또한 그들은 부채를 이용해 주민들을 노예로 삼았다. 고무 붐이 일던 시기 내내 주인들은 토착민들이 잡목 재배를 하거나 강변에 임시 재배지를 만드는 것을 금지했다. 토착민들은 대도시에서 수입한 식료품에만 의존해야 했고, 이를 얻기 위해 주인에게 빚을 져야만 했다. 주인들은 자신의 고객이자 피고용인인 주민들에게 독점권을 요구했고, 이를 위반했을 때는 죽음 혹은 신체적 징벌이 처벌로 내려졌다. 그들은 토착민들이 세례를 받게 하고 기독교식 이름을 부여했으며, 그들의 언어를 사용하는 것을 금지했다.[13]

이 시기부터 최근까지, 이 지역의 토착어들은 명료하지 않은 동물 언어의 일종으로 취급받았다는 것을 상기해야 한다. 그 언어들은 또한 '지리아gíria'라고 불렸는데, 이 경멸적인 분류 용어는 브라질의 다른 지역에서 속어를 지칭한다. 파우마리인들은 점차 이중언어를 구사하게 되었고, 이로 인해 온순하고 평화로운 집단이라는 평판을 얻게 되었다.[14]

13   Oiara Bonilla, *Des proies si désirables*, pp. 69-104; P. Léna & C. Geffray & R. Araújo eds., *Lusotopie n°3: L'oppression paternaliste au Brésil*, Karthala, pp. 105-353, 1996.

복음주의에서 공적 정책으로

오늘날 파우마리인은 푸루스강과 그 지류인 타파우
아강과 쿠니우아강 중류에 거주하고 있다. 약 2000명
이 법적으로 인정된 5개 지역의 땅에 살고 있으며, 이
땅들은 브라질 아마조나스주 남부의 라브레아, 카누
타마, 타파우아 지방에 위치한다. 파우마리어는 아라
와arawá라는 작은 어족에 속한다. 이 어족에는 다른 주
변 집단들의 언어도 포함된다. 즉 자마마디Jamamadi, 바
나와Banawá, 자라와라Jarawara, 데니Deni, 카마데니Kamadeni,
수루와하Suruwahá, 그리고 푸루스강 상류의 쿨리나Kulina
인이 사용하는 언어다.[15] 파우마리인은 푸루스강 본
류 근처의 범람 지역에 거주했던 탓에 아라와 어족 언
어를 사용하는 주변 집단들보다 그 지역의 식민화 전
선에 더 많이 노출되어 있었다. 19세기 후반 천연고무
가 유럽과 북미의 신생 자동차 산업 전체에 필수적인

[14]   Oiara Bonilla, *Des proies si désirables*.
[15]   R. M. W. Dixon & A. Y. Aikhenvald eds., *The Amazonian
Languages*, Cambridge University Press, 1999. 그렇지만 푸루스강
중류에서 가장 많이 사용되는 토착어는 아라와크Arawak 어족에 속하는
아푸리냐Apurinã어다.

재료가 되었을 때, 아마존의 수많은 원주민 집단이 이 지역의 주요 강 주변 지역 전체에서 야생고무 채취를 위한 강제노동에 투입되었다. 푸루스강 유역의 집단도 예외는 아니었다. 뛰어난 어부이자 뱃사람이었던 파우마리인은 지역 시장에 생선을 공급하는 역할을 했다.[16] 이 지역 전체에서 매개 언어로 사용되던 '녱가투Nheengatu'('아마존 일반 언어'Língua geral amazônica)는 포르투갈어로 점차 대체되었다.[17]

1990~2000년대가 되어서야 '옛사람들', 즉 파우마리어를 여전히 유창하게 구사하는 노인들과 성인 및 젊은 성인들 사이의 세대 단절이 점차 나타나기 시

---

[16]   Gunter Kroemer, *Cuxiara: O Purus dos Indígenas: Ensaio etno-histórico e etnográfico sobre os índios do médio Purus*, Loyola, 1985; Oiara Bonilla, "Des proies si désirables: Soumission et prédation pour les Paumari d'Amazonie brésilienne", Thèse de doctorat en Anthropologie sociale et ethnologie, Laboratoire d'anthropologie sociale(LAS), École des hautes études en sciences sociales, Paris, 2007; Oiara Bonilla, *Native Christians*; Oiara Bonilla, *Des proies si désirables*.

[17]   포르투갈어를 도입하고 쓰도록 만든 것은 주로 브라질 북동부 지역, 그러니까 현재의 세아라주에서 밀려들어온 노동자 이주민들이었다. 그래서 파우마리 지역에서 사용되는 포르투갈어는 '세아렌스carence' 버전 포르투갈어의 특징이 두드러진다.

작했다. 이 성인 세대는 더 이상 그들의 자녀에게 토착어로 말하지 않는다. 그 시기 이후로 단절은 더 깊어졌고, 더 이상 파우마리어를 사용하지 않는 젊은 세대가 태어났다. 이들은 어쩔 수 없이 파우마리어를 배울 때도 있지만, 스스로 말하지는 않으며, 포르투갈어와 비토착적 도시 문화에 더 높은 가치를 부여한다.

이런 점진적 단절은 주요한 사회정치적 격변의 시기에 일어난 것으로 보인다. 가장 먼저 일어난 변화는 경계선 설정이다. 즉 1995년부터 2005년까지 파우마리인과 그 이웃 집단의 땅에 관한 법적 경계 짓기와 보호 조치가 실행되었다. 이 지역의 원주민 땅을 법제화하는 과정은 파우마리인을 비롯한 토착민 집단에게 땅에 대한 권리, 자기 결정에 대한 권리, 국가가 자신의 권리를 보호해줄 것을 요구할 권리, 특히 국가의 공적 정책에 접근할 권리를 보장해주었다. 이러한 변화는 그때까지 선교사들에게 맡겨지던 원주민 교육을 지방정부에서 담당하는 조치와 함께 이루어졌다.[18]

18　1988년 브라질 헌법은 토착민 집단에게 교육에 접근할 권리를 보장한다. 그것은 "특정화·차별화되고, 여러 문화에 관련되며, 다중 언어로 이루어지고, 공동체적인" 교육이다.

그 이후 마을들에 공적 교육이 도입되었다. 이는 1960년대 후반부터 두 명의 복음주의 (개신교) 선교사가 설립했던 기존 학교들을 대체했다. 애초 파우마리어를 문자화하고, 알파벳 글쓰기를 설계한 것은 북미의 복음주의 기독교 선교 단체인 SIL[19]이었다. 그 후 선교사들은 입문서와 교과서를 만든다는 명목으로 문자 교육 체계를 구축했다. 이 교육 체계는 파우마리인의 다양한 계절 활동이 갖는 시간적 특성에 따라 여러 단계로 구성되었다. 또한 그 선교사들은 이중 언어를 구사하는 여러 교사를 양성했다. 파우마리어로 진행되는 문자 교육의 마지막 단계에서는 이중 언어로 된 교과서를 이용해 포르투갈어를 점진적으로 소개

---

[19] Summer Institute of Linguistics. 최근 'SIL International'로 명칭이 변경된 이 단체는 1934년 미국에서 설립되었다. 주요 목적은 성경 번역을 위해 전 세계의 모든 주요 언어를 연구하고 기록하고 인식하는 것이며, 이를 통해 복음을 전하는 것이다. 파우마리어의 경우, 1963년 셜리 채프먼Shirley Chapman과 메리 앤 오드마크Mary Ann Odmark가 이 작업을 시작했고, 그 후 마인케 살저Meinke Salzer가 합류했다. 이들은 교육 및 학교 교재 외에도 파우마리어에 대한 여러 분석, 교육용 문법, 이중 언어 사전, 외부인을 위한 파우마리어 학습 방법 등을 출판했다. 이 글을 마무리하고 있을 때 셜리 채프먼, 파우마리어로는 시리Siri가 사망했다는 소식을 접했다. 이 글을 통해 그에게 경의와 감사를 표한다.

했다.

원주민 교육의 '지방정부화'는 이런 기존 교육 체계를 거의 하룻밤 사이에 제거하면서, 마을들이 파우마리어로 학교교육을 제공할 가능성을 박탈해버렸다. 기독교 조직이 애초 양성했던 이중 언어 교사들은 급여를 받는 청년들로 대체되었다. 이들은 그 이후 몇 년 동안 국가가 제공하는 이른바 '차별화된' 집중과정을 통해 훈련받아야만 했다. 그 집중과정은 불규칙적이었고, 수업의 질도 천차만별이었음이 드러났다. 상파울루와 브라질리아 같은 대도시에서 구상되고 제작된 전국 단위의 학교 교과서가 마을 학교에서도 채택되어야만 했다.

결국 모순적이게도, 마을에 이른바 '차별화된' 교육을 도입하려고 했던 공적 정책의 '좋은 의도'는 성공하지 못했고, 오히려 학교에서 토착어 교육을 포기하게 만들거나 포기를 가속화하는 효과를 초래하고 말았다. 파우마리의 경우 사람들은 결국 도시로 탈출했다.[20] 실제로 부모들은 자녀가 초등학교를 졸업할 때 포르투갈어를 겨우 읽고 쓸 뿐, 그들 고유의 언어를 전혀 배우지 못했다고 불평한다. 최근에 이런 상황은 다수의 파우마리 가족이 라브레아와 타파우아 같은 도시로 탈출하도록 이끌고 있다. 이들은 특히 중학교와 고등학교 단계부터 자녀에게 더 나은 교육을 제공하기 위해 도시로 떠난다.[21]

문화의 악마화와 언어 포기

다른 한편, 선교사들이 주의를 기울였던 토착 언어 연구와 교육 역시 커다란 모순을 드러낸다. 그 활동의 궁극적 목표는 파우마리에게 복음을 전하기 위해 성

---

20 더 깊이 생각해볼 필요가 있는 지점이다. 파우마리인들로 하여금 자기 언어를 포기하게 만드는 이유가 '지방정부화된' 교육의 도입에만 있는 것은 당연히 아니기 때문이다. 다음 글의 저자는 토착민 집단이 선호하는 학교, 문자 교육 방식, 교육 방식(이중 언어 혹은 단일 언어, 포르투갈어 혹은 다른 원주민 언어)을 위해 어떤 다양한 전략이 채택되는지 설명한다. M. E. Ladeira, "De povos ágrafos a 'cidadãos analfabetos': as concepções teóricas subjacentes às propostas educacionais"(2005). CTI-Centro de Trabalho Indigenista, paper présenté à la IV Réunion d'Anthropologie du Mercosul(RAM), Montevideo.

21 '차별화된' 교육은 초등교육 단계까지만 제공된다는 점을 정확히 할 필요가 있다. 토착민 마을에서는 중학교와 고등학교 수준의 교육이 보장되지 않는다.

경을 번역하고, '옛 문화'bo'da kahojai'를 근절하는 데 있기 때문이다.[22] 내가 이 지역에 도착했던 2000년에 파우마리인들은 둘로 나뉘어 있었다. 1980년대부터 이 지역에서 활동해온 가톨릭 선교단체 CIMI[23] 활동과 관련된 이들이 그중 하나이고, 나머지는 자신을 '신자'로 여기는 이들, 즉 복음주의 (개신교) 선교사들과 관련된 이들이다.[24]

가톨릭과 (개신교) 복음주의 사이의 대립은 파우마리 마을 사이의 단절, 거주민 사이의 단절을 초래했다. 한편에는 자신을 (복음주의) '신자'로 칭하는 사람들이 있고, 다른 한편에는 더 이상 전통의식을 행하지 않고 옛사람들이 살아온 방식도 거부하는 개신교 신

---

22   Oiara Bonilla, *Native Christians*.

23   원주민을 위한 선교 협의회(Conseil Indigéniste Missionnaire, CIMI)는 진보적 가톨릭교회와 관련된 조직으로, 제2차 바티칸공의회 이후 1972년에 설립되었다. 현재 이 조직은 토착민 집단들의 생활 방식을 존중하며 그들을 돕는 데 초점을 맞추고 있다. 또한 지역 및 지방 차원에서 원주민의 정치 조직을 구성하고 창설하는 과정에 개입하는 중요한 매개자 역할을 하고 있다. Oiara Bonilla, *Native Christians*, p. 128.

24   '신자'와 '비신자' 사이의 대립에 관한 더 자세한 분석과 설명은 다음을 참고하라. ibid., pp. 128-129; Oiara Bonilla, *Des proies si désirables*, pp. 105-121.

자와 대립하며 자신을 분명히 정의하지 않거나 '가톨릭' 신자로 생각하는 사람들이 있다. 복음주의 파우마리인들은 예배를 드리고, 성경을 읽고, 백인들의 세계(특히 노동세계와 시장경제)에 진입할 방법을 찾을 때만 토착어의 가치를 인정했다. 언어뿐 아니라 '옛 문화'와 관련된 모든 관습과 믿음은 악마적인 것으로 간주되어 명시적으로 금지되었다. 이런 식으로 복음주의 신자들은 전통의식 참석을 중단하고, 샤먼의 힘을 거부하고, 자신을 치유하기 위해 대증치료법과 기도를 채택했다. 파우마리어를 보존하려는 복음주의 선교단의 언어적 작업은, 매우 역설적이게도 **문화**와 언어를 분리하려는 목적에서만 이루어졌다. 그 문화란 회복 불가능한 방식으로 근절되어야 할 것으로 여겨진다. 복음주의 신자들에게 파우마리어가 오로지 문어(예배를 위한 텍스트 읽기와 노래, 찬가, 찬송가 부르기에 사용되는 매체)로만 존재해야 했다면, 비신자들에게 그것은 여전히 (포르투갈어와 함께 혹은 단독으로 쓰이는) 일상 언어였다. 이 일상 언어는 살아 있고, 때로는 다른 언어와 혼합되기도 하고, 상황, 맥락, 세대에 따라 단순화되거나 수정되기도 한다.

따라서 2000년대 비신자들에게 파우마리어는 특별한 주의의 대상이 아니었다. 그 언어는 일상에서 포르투갈어와 번갈아가며 사용되거나, 일종의 '피진어 pidgin'로 사용되었다. 이 피진어는 이 지역 포르투갈어의 문법 구조 위에 파우마리어의 관용구, 표현, 어휘를 접목한 것이다.[25] 다른 한편으로 여러 가지 이유, 특히 경제적인 이유로 비신자들은 이 지역의 마을과 도시 사이를 훨씬 더 많이 왕래했고, 이로 인해 브라질에서 원주민 집단이 흔히 겪게 되는 다양한 차별에 더욱 취약해졌다. 도시는 물론 인종 간 관계와 관련된 모든 맥락에서 파우마리인들은 자신의 언어로 말하는 것과 토착민 정체성을 명시적으로 드러내는 것 모두를 회피하며 비가시화 또는 위장 전략을 택했다.

이 시기에는 복음주의 신자와 비신자 사이의 차이만큼이나 세대 간 차이도 이미 뚜렷해지고 있었다. 일반적으로 고연령 세대(65세 이상) 중 남성은 모두 이중

---

[25] 지배적 언어들이 가하는 압력, 특히 학교와 문자 교육 과정을 통한 압력, 그리고 지배적 언어와 토착어 사이에서 발생하는 언어의 혼합과 창조 과정에 대해서는 다음을 참고하라. Bruna Franchetto, "Longa e nova vida para as muitas línguas", *Living Languages·Lenguas Vivas·Línguas Vivas* 1(1), 2022, pp. 21-23.

언어 구사자였고, 최고령 여성 대부분은 서툰 포르투갈어만 구사했다. 고연령 세대 남성과 여성 사이의 이러한 차이는 1990년대까지 백인들과 협상을 하거나 백인들을 위한 연장 기간 노동을 한 것이 오직 남성뿐이라는 사실로 설명된다. 결혼한 여성은 남편과 동행할 수 있었지만, 낯선 사람과는 거의 교류하지 않았다. 성인들(30~65세)은 모두 이중 언어 구사자였다. 고연령 세대는 여전히 파우마리어를 유창하게 구사하고, 젊은 사람들에게 원주민 언어로 말을 걸었다. 반면 가장 젊은 성인들은 상호작용의 맥락과 대화 상대에 따라 언어와 언어를 번갈아 사용했다. 특히 자신보다 더 젊은 사람에게 말할 때는 포르투갈어와 파우마리어가 혼합된 피진어를 쓰거나, 포르투갈어만 썼다. 30세 미만은 파우마리어로 말하는 경우가 매우 드물었고, 오로지 옛사람들과 대화할 때만 그 말을 썼다.

지난 25년 동안 파우마리어는 부모 자식 관계에서 점차 사라졌을 뿐 아니라, 도시에서는 차별받고 마을에서는 평가절하되었다. 파우마리의 고유한 지식 및 전통에 관한 이해와 기준에 기초한 학교는 부재했다. 이 사실들은 파괴적 효과를 초래했다.[26]

언어 경연대회

이 모든 맥락은 2013년 소수의 교사들이 파우마리어 활성화를 위한 프로젝트를 구상하는 계기가 되었다. 파우마리어가 세대를 거쳐 다시 이어질 수 있도록 하고, 언어에 대한 젊은이들의 관심을 불러일으키는 것, 또한 그 지역 백인들이 가진 편견과 토착어에 대한 차별에 맞서 싸우는 것이 그 프로젝트의 목표였다. 다른 한편, 파우마리어로 된 교육 자료 부족 문제도 해결해야 했다. 이런 식의 프로젝트를 구축하려는 열망은 전국적 수준의 더 광범위한 원주민운동의 일환이었다. 이 운동은 언어적 다양성을 보존하는 문제를 영토 투쟁이나 토착민의 권리를 보호하기 위한 투쟁같이 역사적으로 중요한 다른 문제들과 함께 정치적 관심사

---

26 브라질에 존재하는 수많은 토착어들이 직면한 긴박한 소멸 위기에 관해서는 다음 참고하라. Bruna Franchetto, "O monolinguismo é uma doença", Seminário virtual EASA/ABA/AAA/CASCA, 2013. 사라지고 있는 언어에 관한 세밀한 분석에 관해서는 다음을 참고하라. E. D. Paula, de; J. X. Tapirapé, "Revitalização de línguas indígenas no Brasil: o caso dos Apyãwa", *Revista LinguíStica* 13(1), 2017, pp. 215-230.

의 중심에 위치시켰다. 이런 식으로 언어 활성화, 언어학 및 문화적 문서 작성, 사라진 토착어의 재구축을 위한 수많은 프로젝트가 시작되었다.[27]

경연대회의 역사를 이야기할 때, 주요 활동가 중 한 명인 이지우송 마코코아 파우마리Edilson Makokoa Paumari를 빼놓을 수 없다. 그는 라브레아에 살고 있는 젊은 교사다. 그가 아직 어렸던 2000년대에 선교사들은 그를 마투그로수주에 있는 성경 교육 센터로 보내 공부하도록 해주었다. 선교사들이 원했던 바는 그가 그곳에서 중등교육을 이수하는 동시에, 파우마리인에게 복음을 전하는 사업을 이어받을 수 있도록 종교 교육 과정을 밟는 것이었다. 그 선교사들은 이 사업을 1960년대에 시작해 거의 30년 동안 지속해왔다.

내가 마을에 도착했을 때 이지우송의 아버지는 여전히 가장 존경받는 샤먼 중 한 사람이었지만, 2017년 세상을 떠났다. 2011년 이지우송은 선교 센터를 떠

---

[27] Marcus Maia, "A revitalização de línguas indígenas e seu desafio para a educação inter-cultural bilingue", *Tellus* 6(11), 2006, pp.61-76; B. Franchetto, "Longa e nova vida para as muitas línguas".

나 라브레아로 이주하기로 결정했고, 그곳에서 중등
교육을 마쳤다. 그는 그때 점점 더 많은 파우마리 가
족들이 도시에 자리 잡고 있으며, 부모가 자녀에게 더
이상 파우마리어로 말하지 않는다는 것을 깨달았다.
그것이 일종의 언어 경연대회를 만들 생각을 하게 된
계기였다. 젊은 세대가 파우마리어를 접하고, 파우마
리인이 자기 언어의 가치를 재평가하도록 하는 것, 그
리고 파우마리어로 된 교육 및 시청각 자료를 제작하
는 것이 그 대회의 목적이었다.[28]

그때 이지우송과 다른 교사들은 이 경연대회를 파

---

28 경쟁이라는 발상과 함께 경연대회champpionnat라는 용어를 선택한
것이 놀랍게 보일 수 있다. 그것이 비원주민적이고, 외부에서 부과된 논
리를 따르는 것처럼 보일 수도 있기 때문이다. 그러나 경연대회가 파우
마리의 개념이 아니라 할지라도, 이것이 오늘날의 이중 논리 중 하나
라는 점을 주지할 필요가 있다. 이중 논리란 축구와 같은 '백인들'의 경
쟁 활동을 자기 것으로 만드는 논리, 그 외의 게임과 활동들의 논리(마
을 간 축구 토너먼트, 릴레이 경주, 전국 차원의 원주민 올림픽 게임, 미
인대회 등), 그리고 흔히 '전통적'이라고 불리는 게임의 논리를 말한다.
이런 게임은 전통의식의 하나로, 흔히 주인과 손님, 남성과 여성, 나이
와 부모에 따른 계급들을 서로 대립시킨다. 예를 들어 축구에 관해서
는 다음을 참고하라. M. H. Dziubinska, "Le football: une nouvelle
façon de faire la guerre en Amazonie?", Ph. Erikson ed., *Trophées:
Études ethnologiques, indigénistes et amazonistes offertes à
Patrick Menget*, Société d'ethnologie, 2016, pp. 139-148.

우마리어에 관한 대규모 모임, 학교라는 맥락 밖에서 열리는 모임으로 만들고자 했다. '이는 파우마리어를 가장 먼저 배우는 곳이 집이기 때문'이었다. 젊은이들을 끌어들이기 위해서라도 토너먼트는 재미있고 신나고 치열하고 기술적이어야만 했다. 이지우송은 '자피임japiim' 새를 경연대회의 엠블럼으로 선택했는데, 이는 상징적인 일이었다. 찌르레기사촌과에 속하는 자피임 새는 다른 새의 노래와 다양한 동물이 내는 소리를 모방할 수 있다.[29] 각 마을은 학생과 교사, 여성과 남성, 젊은 사람과 나이 많은 사람으로 이루어진 하나의 팀을 구성한다. 그러면 각 팀은 이야기 한 편을 선택하고, 삽화를 이용해 청중에게 들려준다. 이야기를 평가하는 것은 참가 마을 각각이 선정한 위원들로 구성된 심사단이며, 이들은 포르투갈어 미사용, 발성법, 해석과 낭독 수준, 삽화 등의 기준에 따라 각 팀이 발표한 이야기를 평가한다. 얼마 후 우승한 팀의 이야기는 파우마리인들이 구상하고 제작하고 감독한 애니메이션으로 제작된다. 이 애니메이션에는 파우

---

29 이 새의 학명은 'Cacicus cela'다.

마리어 목소리와 포르투갈어 자막이 더해진다. 따라서 이 경연대회는 관계 회복, 집단 활동, 공유, 축제의 시간을 연다. 각 팀의 작업과 발표 중간중간에는 참가 팀들의 의식용 춤과 노래가 추가되기도 한다.[30]

30 이 경연대회는 라브레아의 원주민 (그리고 비원주민) 학생들을 위한 파우마리어(그리고 아푸리냐어) 교육 프로젝트와 동시에 기획되었다. 프로젝트명은 〈나는 이중 언어 구사자입니다Sou Bilíngue〉였다. 이 프로젝트는 계속해서 결실을 거두고 있으며, 카누타마와 타파우아 주변의 지방정부에서도 실험적으로 시행될 예정이다.

참고문헌

• 이 참고문헌은 오야라 보니야 글의 참고문헌이다.

Bonilla, O. "Des proies si désirables: Soumission et prédation pour
    les Paumari d'Amazonie brésilienne", Thèse de doctorat en
    Anthropologie sociale et ethnologie, Laboratoire d'anthropologie
    sociale(LAS), École des hautes études en sciences sociales, Paris,
    2007

Bonilla, O. "The Skin of History: Paumari Perspectives on Conversion
    and Transformation", A. Vilaça & R. M. Wright eds., *Native
    Christians: modes and effects of Christianity among Indigenous
    people of the Americas*, Farnham, Burlington: Ashgate Publishing,
    2009, pp. 127-145.

Bonilla, O. *Des proies si désirables: Les Paumari d'Amazonie brésilienne*,
    Toulouse: Presses Universitaires du Midi, 2022.

Carneiro da Cunha, M. *Cultura com aspas e outros ensaios*, São Paulo:
    Cosac & Naify, 2009.

Chapman, S. & Salzer, M. *Dicionário bilíngue nas línguas paumari e
    portuguesa*, Porto Velho: Sociedade Internacional de Linguística,
    1998.

Dienst, S. "Evidências linguísticas para as migrações dos Madiha", dos
    Santos, G. M., Aparício M. eds., *Redes Arawá: ensaios de etnologia
    do Médio Purus*, Manaus: EDUA, 2016

Dixon, R. M. W., Aikhenvald, A. Y. eds. *The Amazonian Languages*,
    Cambridge, New York, Melbourne: Cambridge University Press,
    1999.

Dziubinska, M. H. "Le football: une nouvelle façon de faire la guerre
    en Amazonie?", Ph. Erikson ed., *Trophées. Études ethnologiques,
    indigénistes et amazonistes offertes à Patrick Menget*, Paris: Société
    d'ethnologie, 2016, pp. 139-148.

Kroemer, G. *Cuxiara. O Purus dos Indígenas: ensaio etno-histórico e
    etnográfico sobre os índios do médio Purus*, São Paulo: Loyola,
    1985.

Franchetto, B. "O monolinguismo é uma doença", Seminário virtual

EASA/ABA/AAA/CASCA, 2013.

Franchetto, B. "Longa e nova vida para as muitas línguas", *Living Languages·Lenguas Vivas·Línguas Vivas* 1(1), 2022, pp. 21-23.

Ladeira, M. E. "De povos ágrafos a 'cidadãos analfabetos': as concepções teóricas subjacentes às propostas educacionais", CTI-Centro de Trabalho Indigenista, paper présenté à la IV Réunion d'Anthropologie du Mercosul(RAM), Montevideo, 2005.

Léna, P., Geffray, C., Araújo, R. eds., *Lusotopie n°3: L'oppression paternaliste au Brésil*, Kathala, pp. 105-353.

Maia, M. "A revitalização de línguas indígenas e seu desafio para a educação inter-cultural bilingue", *Tellus*, 6(11), pp. 61-76, 2006.

Paula, E. D. de; Tapirapé, J. X. "Revitalização de línguas indígenas no Brasil: o caso dos Apyãwa", *Revista LinguíStica* 13(1), 2017, pp. 215-230.

Silva Coutinho, J. M. "Relatório da exploração do Rio Purús", *Relatório Apresentado na abertura da 2ª sessão da Assembléia Legislativa da Província do Amazonas*, Manaus, 1863.

Zanoni, G., Zuccheri S. "Emozioni: sentirle, parlarne, tradurle", *MediAzioni* 33, D1·D3, 2022.

에두아르두 비베이루스 지 카스트루Eduardo Viveiros de Castro

브라질의 인류학자. 현재 브라질 국립박물관 교수로 재직 중이다. 아마존 원주민의 관점주의에 관한 그의 연구는 인류학자와 철학자들에게 중요한 영향을 미쳤다. 한국에는 《식인의 형이상학》의 저자로 널리 알려져 있고, 이 외에도 《인디오의 변덕스러운 혼》이 번역되어 있다. 영어로 번역된 저작으로는 《세계의 종말들The Ends of the World》(공저, Polity, 2016), 《관계적 원주민The Relative Native》(HAU, 2016) 등이 있다.

박이대승

정치철학자. 서울대학교 라틴아메리카연구소 선임연구원, 프랑스 툴루즈-장 조레스 대학교 방문연구원. 툴루즈-장 조레스 대학교에서 질 들뢰즈와 펠릭스 과타리의 소수화 전략에 대한 논문으로 박사학위를 받았다. 《'개념' 없는 사회를 위한 강의》, 《임신중단에 대한 권리》을 썼고, 《식인의 형이상학》을 공역했다.

박수경

고려대학교 사회학과를 졸업하고 동대학원에서 서어서문학과 석사학위를 받았다. 2014년 멕시코시티 소재 메트로폴리탄자치대학교에서 〈국민주권과 원주민 자치권의 교차: 멕시코 원주민공동체 역사의 주요 3시기: 1549년, 1812년 그리고 1857년〉으로 박사학위를 받았다. 옮긴 책으로는 《식인의 형이상학》(공역), 《깊은 멕시코》(기예르모 본필 바타야 지음) 등이 있다. 원주민 사회에 대한 관심을 출발점으로 삼아 탈식민주의 관점에서 라틴아메리카의 역사, 문화, 사회, 정치 등에 대해 연구, 저술, 강의를 하고 있다.

장-크리스토프 고다르Jean-Christophe Goddard

툴루즈-장 조레스 대학교 철학교수. 피히테 철학 전문가로서 다수의 저서
와 번역서를 출간했다. 2006년부터 2012년까지 국제피히테학회 회장을 지
냈다. 에라스무스 문두스 유로필로조피Erasmus Mundus EuroPhilosophie 프
로그램 총 책임자를 맡은 2006년부터 탈식민에 관한 연구에 몰두하고 있
다. 최근 저작으로는《검고 때 묻은 브라질인Brazuca, Negão e Sebento》(n-1
edições, 2017),《피히테의 생명철학La philosophie fichtéenne de la vie》(Vrin,
1999),《폭력과 주체성Violence et subjectivité》(Vrin, 2008) 등이 있다.

오야라 보니야Oiara Bonilla

브라질 플루미넨시연방대학교 인류학과 교수. 1996년부터 브라질 아마존
지역에서 일하고 있으며, 2000년에 파우마리에 관한 연구를 시작했다.《식
인의 형이상학》프랑스어판을 번역했으며, 다수의 인류학 논문을 발표했
다. 대표 저작으로 아마존 파우마리인을 연구한《너무나 탐나는 먹잇감Des
proies si désirables》(Presses universitaires du Midi, 2022)이 있다.

세계의 종말을 늦추기 위한 아마존의 목소리

초판 1쇄 펴낸날   2024년 1월 17일
지은이   아이우통 크레나키·에두아르두 비베이루스 지 카스트루·박이대승·
박수경·장-크리스토프 고다르·오야라 보니야
옮긴이   박이대승·박수경
펴낸이   박재영
편집   이정신·임세현·한의영
마케팅   신연경
디자인   조하늘
제작   제이오
펴낸곳   도서출판 오월의봄
주소   경기도 파주시 회동길 363-15 201호
등록   제406-2010-000111호
전화   070-7704-2131
팩스   0505-300-0518
이메일   maybook05@naver.com
트위터   @oohbom
블로그   blog.naver.com/maybook05
페이스북   facebook.com/maybook05
인스타그램   instagram.com/maybooks_05

ISBN   979-11-6873-087-8   03300

이 논문 또는 저서는 2020년 대한민국 교육부와 한국연구재단의
일반공동연구지원사업의 지원을 받아 수행된 연구임(NRF-2020S1A5A2A03045685).

만든 사람들
책임편집   임세현
디자인   조하늘